国家珍贵古籍名录·资治通鉴

《资治通鉴》史话

中国珍贵典籍史话丛书

29

李全德 ◆ 著

国家圖書館出版社

图书在版编目（CIP）数据

《资治通鉴》史话 / 李全德著 . —北京：国家图书馆
出版社，2019.9
　　（中国珍贵典籍史话丛书）
　　ISBN 978-7-5013-6782-5

　　Ⅰ . ①资… 　Ⅱ . ①李… 　Ⅲ . ①中国历史—古代史—
编年体②《资治通鉴》—研究　Ⅳ . ① K204.3

　　中国版本图书馆 CIP 数据核字 (2019) 第 099659 号

书　　　名　《资治通鉴》史话
著　　　者　李全德　著
责任编辑　王　雷

出版发行　国家图书馆出版社（北京市西城区文津街 7 号　　100034）
　　　　　（原书目文献出版社　北京图书馆出版社）
　　　　　010-66114536　63802249　nlcpress@nlc.cn（邮购）
网　　　址　http://www.nlcpress.com
印　　　装　北京金康利印刷有限公司
版次印次　2019 年 9 月第 1 版　2019 年 9 月第 1 次印刷
开　　　本　710×1000（毫米）　1/16
印　　　张　12.5
字　　　数　114 千字
印　　　数　1—3000 册
书　　　号　ISBN 978-7-5013-6782-5
定　　　价　50.00 元

《中国珍贵典籍史话丛书》工作委员会名单

主　任：饶　权

副主任：张志清　汪东波

委　员（按姓氏笔画排列）：

王水乔　王筱雯　韦　江　历　力

孔德超　申晓娟　任　竞　全　勤

刘宇松　刘杰民　刘显世　刘洪辉

次旦普赤　李　彤　李　勇　李　培

李晓秋　何光伦　张景元　陈　超

范月珍　林世田　林旭东　周云岳

郑智明　赵瑞军　贺美华　高文华

陶　涛　常　林　韩　彬　褚树青

魏　崇　魏孔俊


《中国珍贵典籍史话丛书》编纂委员会名单

主　编：饶　权

副主编：张志清　汪东波　申晓娟　陈红彦
　　　　林世田

委　员（按姓氏笔画排序）：

王雁行　王嘉陵　史　睿　刘　蔷

刘玉才　孙　彦　朱赛虹　张丽娟

李国庆　李勇慧　沈乃文　陈清慧

邱奉捷　拓晓堂　罗　琳　郑小悠

洪　琰　徐忆农　耿素丽　贾贵荣

梁葆莉

《中国珍贵典籍史话丛书》顾问名单

（按姓氏笔画排序）：

| 王 尧 | 王 素 | 王余光 | 史金波 |
|---|---|---|---|
| 白化文 | 朱凤瀚 | 许逸民 | 吴 格 |
| 张忱石 | 张涌泉 | 李孝聪 | 李致忠 |
| 杨成凯 | 陈正宏 | 施安昌 | 徐 蜀 |
| 郭又陵 | 傅熹年 | 程毅中 | |

司馬溫公

脚踏實地學到至誠
海宇被澤夷夏知名

彩图 1 明弘治十一年（1498）木刻本《历代古人像赞》 国家图书馆藏

彩图 2　《司马光像》　台北"故宫博物院"藏《司马光拜左仆射告身》

彩图 3　《司马光像》　台北"故宫博物院"藏《至圣先贤半身像册》

彩图 4 　《司马光像》　台北"故宫博物院"藏《历代圣贤半身像册》

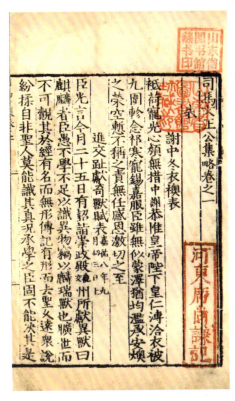

彩图 5 　司马光《司马文正公集略》　明嘉靖四年（1525）吕楠刻本　山东省图书馆藏

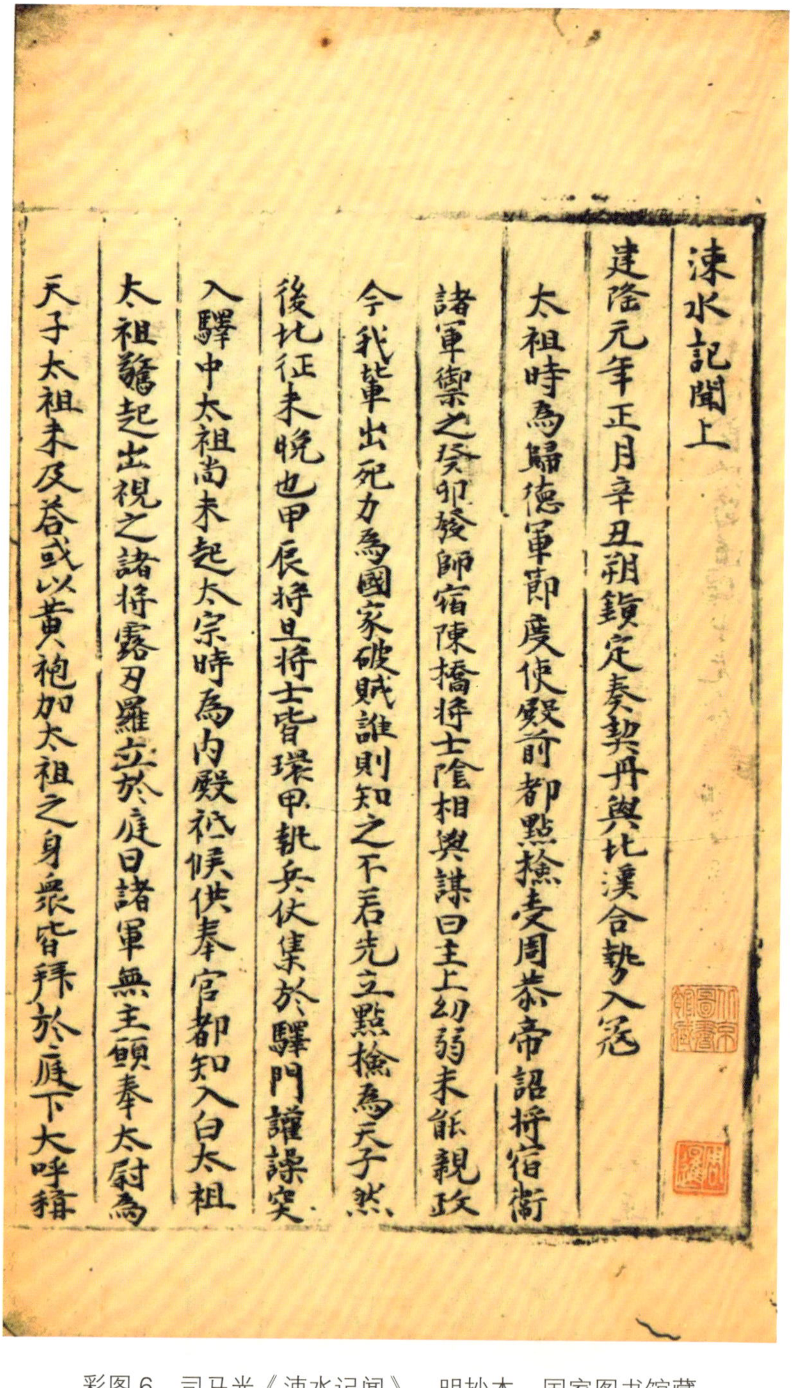

涑水記聞上

建隆元年正月辛丑朔鎮定奏契丹與北漢合勢入寇

太祖時為歸德軍節度使檜前都點檢麦周恭帝詔將宿衛

諸軍禦之癸卯發師宿陳橋將士陰相與謀曰主上幼弱未能親政

今我輩出死力為國家破賊誰則知之不若先立點檢為天子然

後北征未晚也甲辰將旦將士皆環甲執兵伏集於驛門謹謀突

入驛中太祖尚未起太宗時為內殿祗候供奉官都知入白太祖

太祖蘧起出視之諸將露刃羅立於庭曰諸軍無主願奉太尉為

天子太祖未及荅或以黄袍加太祖之身眾皆拜於庭下大呼稱

彩图6　司马光《涑水记闻》　明抄本　国家图书馆藏

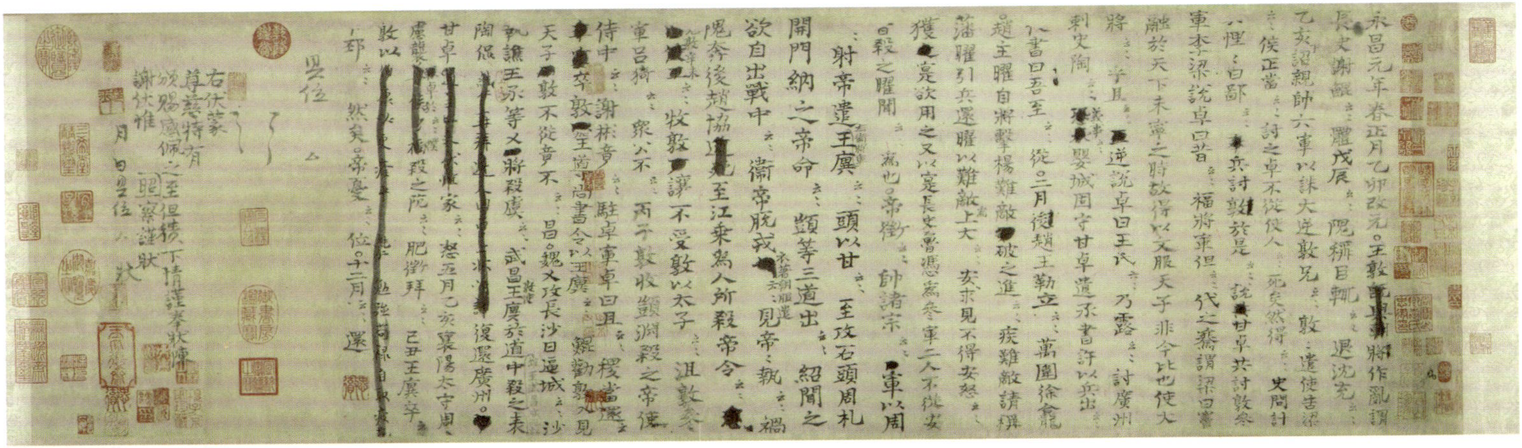

彩图 7 司马光《资治通鉴》稿 33.8×130cm 国家图书馆藏

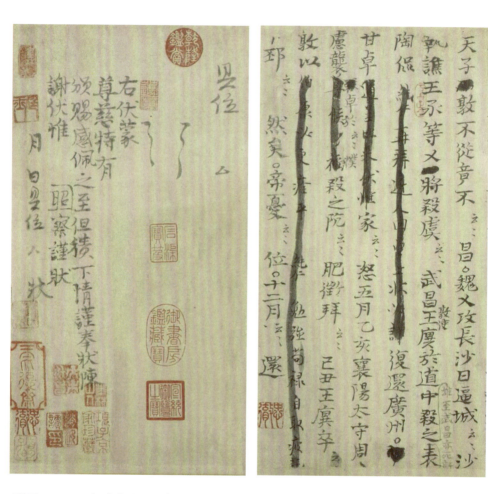

彩图 8　司马光《资治通鉴》稿中司马光　　彩图 9　司马光《资治通鉴》稿中被涂
书信稿（局部）　　　　　　　　　抹之范纯仁致司马光信

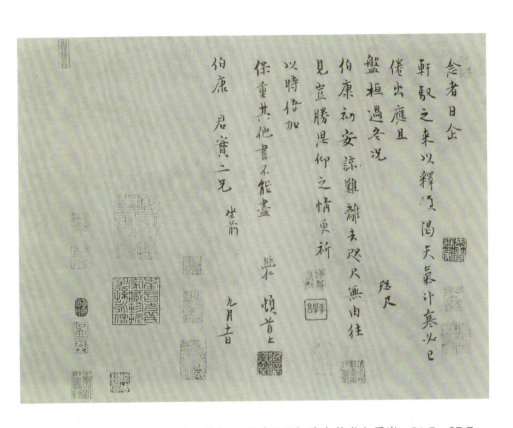

彩图 10　范纯仁《致伯康君实尺牍》　系《通鉴》稿中范书之后半　31.5×37.7cm
台北“故宫博物院”藏

資治通鑑卷第一

朝散大夫右諫議大夫權御史中丞理檢使上護軍賜紫金魚袋臣司馬 光奉

勅編集

周紀一　起著雍攝提格盡玄

黓困敦凡三十五年

威烈王

二十三年初命晉大夫魏斯趙籍韓虔爲諸侯

臣光曰臣聞天子之職莫大於禮禮莫大於分分莫大於名何謂禮紀綱是也何謂分君臣是也何謂名公侯卿大夫是也夫以四海之廣兆民之眾受制於一人雖有絕倫之力高世之智莫敢不奔走而服役者豈非以禮爲之綱紀哉是故天子統三公三公率諸侯諸侯制卿大夫卿大夫治士庶人貴以臨賤賤以承貴上之使下猶心腹之運手足根本之制支葉下之事上手足之

彩图 11　司马光《资治通鉴》　宋绍兴二年至三年（1132—1133）
两浙东路茶盐司公使库刻本　国家图书馆藏

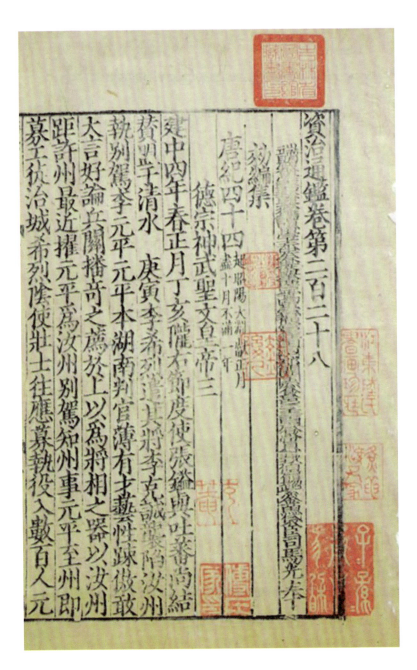

彩图 12　司马光《资治通鉴》　元刻本　吉林省图书馆藏

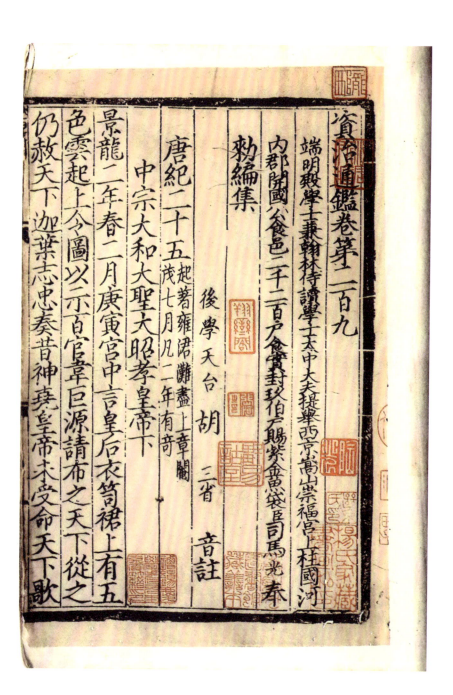

資治通鑑卷第二百九

端明殿學士兼翰林侍讀學士太中大夫提舉西京嵩山崇福宮上柱國河

内郡開國公食邑二千二百戶食實封玖伯戶賜紫金魚袋臣司馬光奉

勅編集

後學天台 胡 三省 音註

唐紀二十五 起著雍涒灘盡上章閹茂七月凡二年有奇

中宗大和大聖大昭孝皇帝下

景龍二年春二月庚寅宮中言皇后衣笥裙上有五

色雲起上令圖以示百官韋巨源請布之天下從之

仍敕天下迦葉志忠奏昔神堯皇帝未受命天下歌

彩图 13　司马光《资治通鉴》　元刻本　重庆图书馆藏

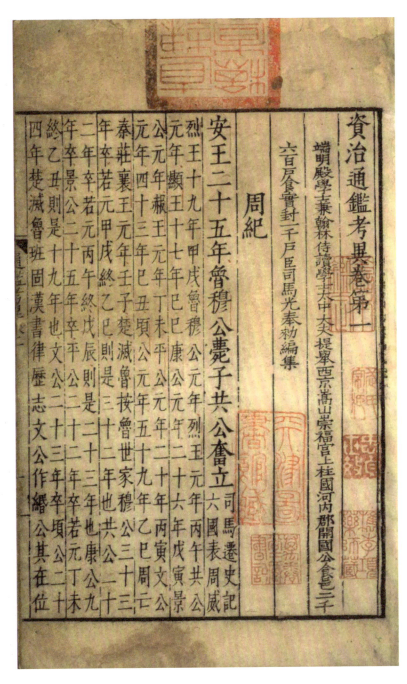

彩图 14　司马光《资治通鉴考异》　明嘉靖二十三年至二十四年（1544–1545）孔天胤刻本
天津图书馆藏

彩图 15　"元祐党籍"摩崖石刻　广西桂林龙隐岩　宋庆元四年（1198）刻

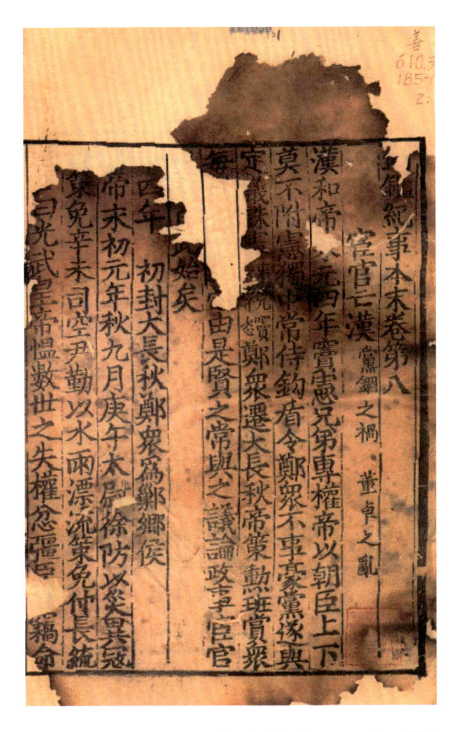

彩图 16　（宋）袁枢《通鉴纪事本末》　宋宝祐五年（1257）刻元明递修本
南开大学图书馆藏

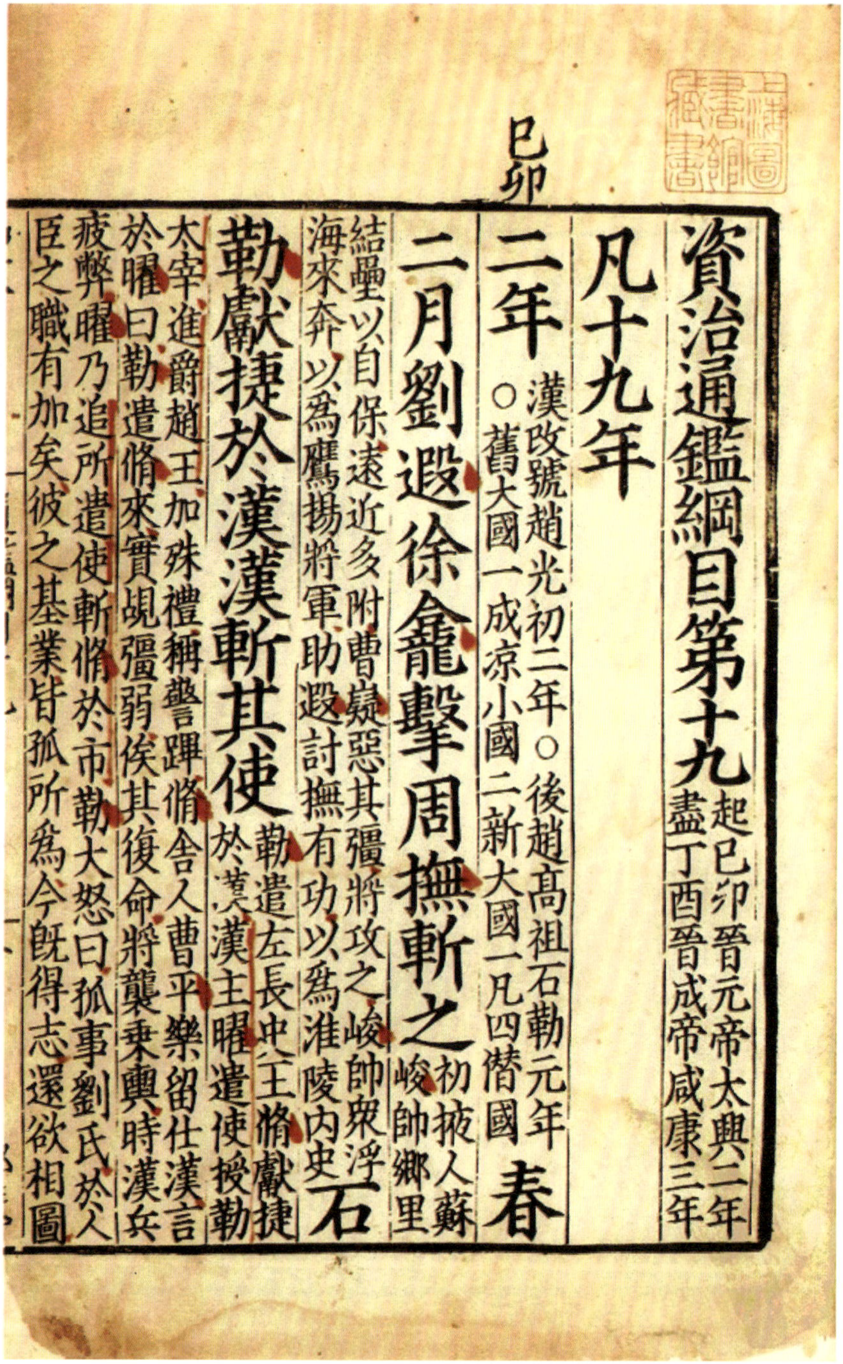
己卯

資治通鑑綱目第十九 起己卯晉元帝太興二年 盡丁酉晉成帝咸康三年

凡十九年

二年 漢改號趙光初二年○後趙高祖石勒元年 ○舊大國一成凉小國二新大國一凡四僭國 春

二月劉遐徐龕擊周撫斬之 初掖人蘇峻帥鄉里結壘以自保遠近多附曹嶷惡其彊將攻之峻帥衆浮海來奔以爲鷹揚將軍助遐討撫有功以爲淮陵內史 石

勒獻捷於漢漢斬其使 勒遣左長史王脩獻捷於漢漢主曜遣使授勒太宰進爵趙王加殊禮稱警蹕脩舍人曹平樂留仕漢言於曜曰勒遣脩來實覘彊弱俟其復命將襲乘輿時漢兵疲弊曜乃追所遣使斬脩於市勒大怒曰孤事劉氏於人臣之職有加矣彼之基業皆孤所爲今既得志還欲相圖



彩图 17　（宋）朱熹《资治通鉴纲目》　宋嘉定十四年（1221）庐陵刻本　上海博物馆藏

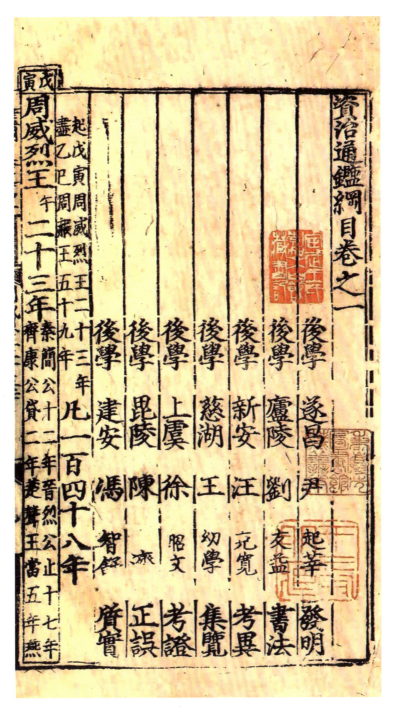

彩图 18　（宋）朱熹撰（宋）尹起莘发明（明）冯智舒质实等　《资治通鉴纲目》
明弘治十一年（1498）书林慎独斋刻本　河南省图书馆藏

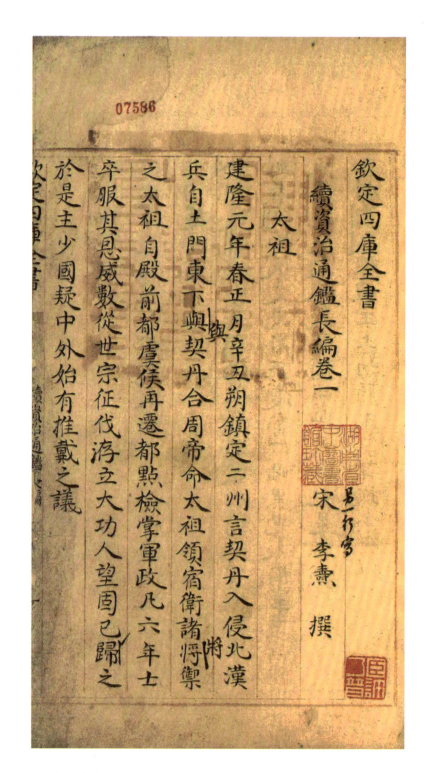

欽定四庫全書

續資治通鑑長編卷一

宋　李燾　撰

太祖

建隆元年春正月辛丑朔鎮定二州言契丹入侵北漢兵自土門東下與契丹合周帝命太祖領宿衛諸將禦之太祖自殿前都虞候再遷都點檢掌軍政凡六年士卒服其恩威數從世宗征伐游立大功人望固已歸之於是主少國疑中外始有推戴之議

彩图 19　（宋）李焘《续资治通鉴长编》　清抄本（四库底本）　湖南省图书馆藏

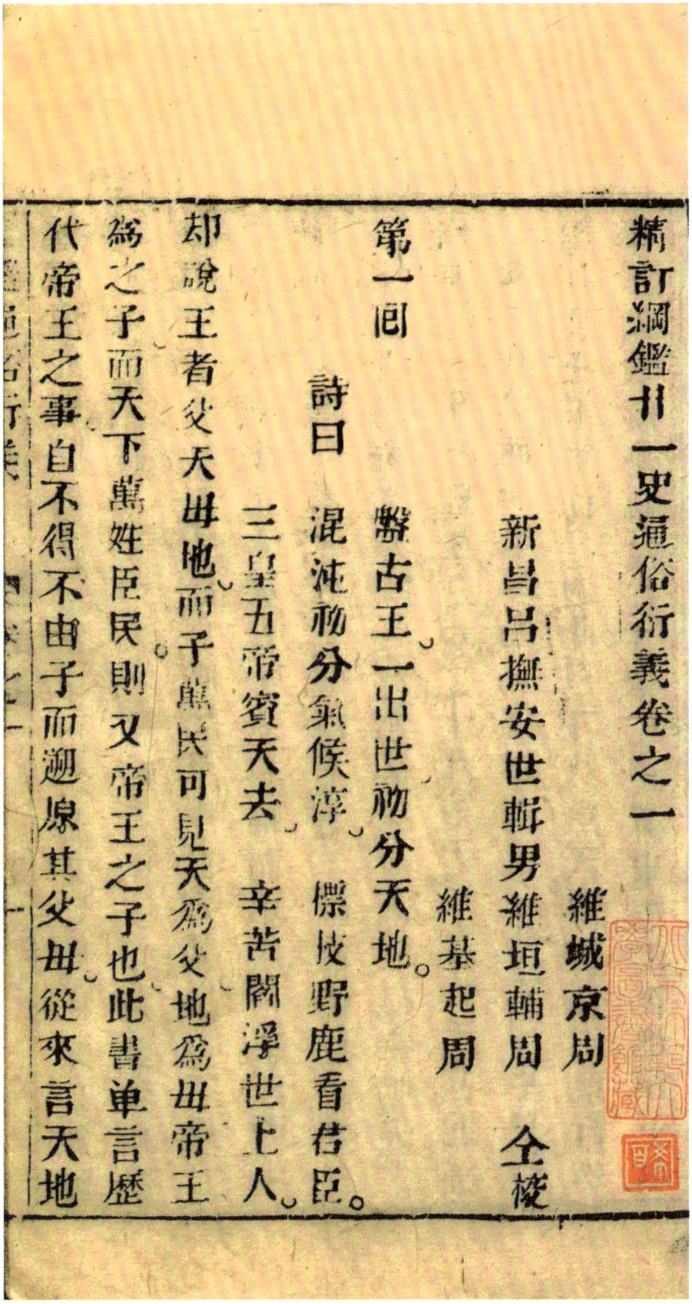
精訂綱鑑廿一史通俗衍義卷之一

維蛾京周

新昌呂撫安世輯　男維垣輔周　仝校

維基起周

第一回

詩曰　盤古王。一出世。初分天地。

混沌初分氣候淳。僄披野鹿看君臣。

三皇五帝賓天去。辛苦閻浮世上人。

却說王者父天母地。而子萬民。可見天爲父。地爲母。帝王爲之子。而天下萬姓臣民。則又帝王之子也。此書單言歷代帝王之事。自不得不由子而遡原其父母。從來言天地

彩图 20　（清）吕抚《精订纲鉴廿一史通俗衍义》　清雍正吕抚活字泥版印本
北京师范大学图书馆藏

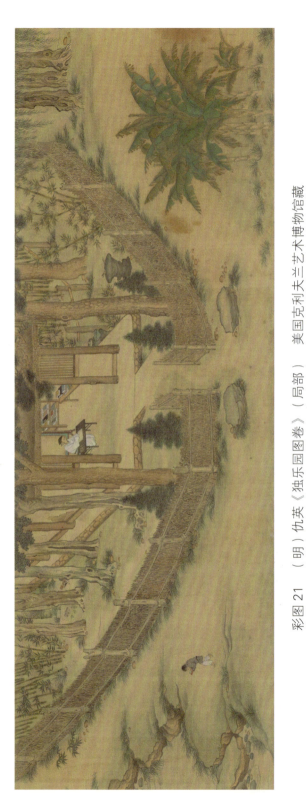

彩图 21　（明）仇英《独乐园图卷》（局部）　美国克利夫兰艺术博物馆藏

# 《中国珍贵典籍史话丛书》序

　　书籍是记载人类文明发展历程的重要载体，是传播知识和保存文化的重要途径，它蕴藏着丰富的历史文化内涵，是人们汲取精神营养和历史经验的重要来源，在民族兴衰和文化精神的传承维系中，发挥着不可替代的作用。

　　《尚书·多士》云："惟殷先人，有册有典。"在中华民族数千年的岁月里，人们创造出浩如烟海的典籍文献。这些典籍是中华文明的结晶，是民族生存的基石和前进的阶梯。作为人类发展史上最有价值的文化遗产之一，中国古代典籍是构成世界上唯一绵延数千年未曾中断的独特文化体系的主要成分。

　　然而，在漫长又剧烈变动的历史中，经过无数次的兵燹水火、虫啮鼠咬、焚籍毁版、千里播迁，留存于世间的典籍已百不遗一。幸运的是，我们这个民族具有一种卓尔不群的品质：即对于文化以及承载它的典籍的铭心之爱。在战乱颠沛的路途上，异族入侵的烽火里，政治高压的禁令下，史无前例的浩劫中……无数的有识之士，竭尽他们的财力、智慧乃至生命，使我们民族的珍贵典籍得以代代相传，传承至今。这些凝聚着前人心血的民族瑰宝，大都具有深远的学术影响、独特的艺术魅力和突出的文物价值，是今天人们了解和学习我国优秀传统文化的宝贵实物资料。它们记载着中华民族的辉煌历史和灿烂文化，诉说着中华民族的百折不挠、临危不惧的民族精神，是先辈留给我们的宝贵精神财富。

新中国成立以来，党和国家高度重视典籍文献的保护工作。2007 年启动实施的"中华古籍保护计划"，由国家古籍保护中心（国家图书馆）负责实施，成效显著，在社会上产生了极大的反响。迄今为止，已由国务院陆续公布了四批《国家珍贵古籍名录》，收录了全国各类型藏书机构和个人收藏的珍贵古籍 11375 部，并拨付专项资金加以保护。可以说，这是一项前所未有的伟大事业。

尽管我国存世的各种典籍堪称汗牛充栋，但为典籍写史的著作却少之又少，许多典籍所蕴含的历史故事鲜为人知。如果不能及时加以记录、整理，随着时代的变迁，它们难免将逐渐湮没在历史长河中，成为中华文明传承中的一大憾事。为此，2012 年年底，国家图书馆启动了"中国珍贵典籍史话丛书"项目，旨在"为书立史""为书修史""为书存史"。项目由"中华古籍保护计划"支持立项，采取"史话"的形式，选择《国家珍贵古籍名录》中收录的蕴含着丰富历史故事的珍贵典籍，用通俗的语言讲述其在编纂、抄刻、流传、收藏过程中产生的引人入胜、启迪后人的故事，揭示其与当时的政治、经济、文化和社会发展的密切关系，力图反映中国书籍历史的辉煌与灾厄、欢欣与痛楚。通过生动、多样、丰满的典籍历史画面，使人们更深入地了解和认识典籍，领略典籍的人文精神和艺术魅力，感受中华文化的深厚底蕴。

中华优秀传统文化是我们最深厚的文化软实力。"中国珍贵典籍史话丛书"是以人们喜闻乐见的方式弘扬中华民族博大精深的灿烂文化，使书写在古籍里的文字活起来的一次有益尝试。丛书力求为社会公众提供普及读物，为广大文史爱好者和从业人员提供学习资料，为专家学者提供研究参考。其编纂主要遵循两个原则：一是遵循客观，切近史实。本丛书是关于典籍的信史、正史，而非戏说、演义。因此，每一种史话都是作者钩沉索隐、多方考证的结果，力求言之有据，资料准确，史实确凿，观点审慎；二是通俗生动，图文并茂。本丛书旨在让更多的人了解和热爱中华典籍，通过典籍深入理解中华文化。相对于一般学术著作，它更强调通俗性和生动性，以史话的方式再现典籍历史，雅俗共赏，少长咸宜。

我们真切地希望，通过这套丛书，生动再现典籍的历史，使珍贵典籍从深闺中走出来，进入公众的视野，走进每位爱书人心中，教育和启迪世人，推动"关爱书籍，热爱阅读"的社会风气的形成，让承载着中华文明的典籍在每个人心中长留悠远的书香，为提升全民族文化素养、推动传统文化与时代精神的融合发展做出积极贡献。

"中国珍贵典籍史话丛书"项目自启动以来，得到了社会各界的广泛关注和专家学者的大力支持。一批有较高学术造诣的专家学者直接参与了丛书的策划和撰稿工作，并对丛书的编纂工作积极建言献策，给予指导。借此机会，深表感谢。以史话的形式为书写史，尚属尝试，难免有疏漏、不妥之处，敬请专家学者批评指正，也欢迎广大读者提出宝贵意见和建议。

韩永进

2014 年春于北京

# 目　　录

《中国珍贵典籍史话丛书》序　　　　　　　　　　1

引　言　　　　　　　　　　　　　　　　　　　1

**第一章　司马光及其时代**　　　　　　　　　　4

　第一节　宋代的士大夫政治与文化　　　　　　4

　第二节　学术与政治之间　　　　　　　　　　8

　　一、青年司马光　　　　　　　　　　　　　8

　　二、王、马之争　　　　　　　　　　　　　10

　　三、元祐更化　　　　　　　　　　　　　　13

　　四、迁叟之“迁”　　　　　　　　　　　　16

**第二章　《资治通鉴》编修始末**　　　　　　21

　第一节　《资治通鉴》之前的史学　　　　　　21

　第二节　《资治通鉴》的始修　　　　　　　　26

　第三节　熙丰政争中的《资治通鉴》纂修　　　31

　　一、司马光的助手们　　　　　　　　　　　31

　　二、熙丰时期的政争与修书　　　　　　　　40

第三章 《资治通鉴》的内容　　45

第一节 《资治通鉴》的主旨与内容　　46

第二节 《资治通鉴》的"不书"与"失载"　　50

一、不载文人　　52

二、不书妖异　　54

三、不书奇节　　57

第三节 《资治通鉴》的议论　　59

第四章 《资治通鉴》的编纂与叙事方法　　65

第一节 纪年问题的处理　　65

第二节 长编法　　68

一、丛目　　68

二、长编　　70

三、定稿　　72

第三节 《资治通鉴》的叙事方法　　75

第五章 《资治通鉴》的史料及其考异　　80

第一节 《资治通鉴》的史料　　80

第二节 《资治通鉴》的考异之法　　85

第六章 《资治通鉴》的影响（上）　　91

第一节 《资治通鉴》编修团队的派生书　　91

第二节 《资治通鉴》的补续　　98

一、李焘《续资治通鉴长编》　　100

二、李心传《建炎以来系年要录》 102

三、毕沅《续资治通鉴》 102

第三节 《资治通鉴》的改编 104

一、袁枢《通鉴纪事本末》 104

二、朱熹《资治通鉴纲目》 107

第四节 《资治通鉴》的注释 113

一、宋代的《资治通鉴》注释 113

二、胡三省《资治通鉴音注》 115

第五节 《资治通鉴》的补正与评论 119

一、严衍《资治通鉴补》 120

二、王夫之《读通鉴论》 123

第七章 《资治通鉴》的影响（下） 126

第一节 帝王的镜子 126

第二节 《资治通鉴》在民间 134

第三节 《资治通鉴》节本与历史知识的普及 139

一、《资治通鉴》的节本 139

二、从"纲鉴"类史书到"按鉴"历史演义 146

第八章 《资治通鉴》的版本 152

参考文献 158

后 记 160

# 引 言

　　11 世纪的北宋时期是中国文化史上的黄金时代。范仲淹（989—
1052）、欧阳修（1007—1072）、司马光（1019—1086）、王安石（1021—
1086）、张载（1020—1077）、程颐（1033—1107）、苏轼（1037—
1101）、黄庭坚（1044—1105）等新一代政治与文化精英，在经学、历史、
诗词、散文、书法、绘画等诸多领域都取得卓越的成就，发展出超轶汉唐
的新政治文化、新儒学、新文学、新史学等等。其中司马光是宋代新史学
的最杰出代表，他的《资治通鉴》是传统史学中的空前杰作。

　　北宋上承晚唐五代的旧局面，立国形势先天不足。生于忧患之中，在
重文、崇儒的政治文化大环境下崛起的北宋新型士大夫阶层，发展出"以
天下为己任"的担当意识。以欧阳修、司马光为代表的北宋史学家，更关
注国家与社会，对历史与现实有深沉的思考，也更加注意发挥史学的经世
致用的作用，所以欧阳修著史要贬斥势利，尊崇气节；司马光著史要"鉴
于往事，有资于治道"。他们的目的都是为了开新，而以唐代史学为代表
的旧史学，在他们的眼里只是"整齐故事"而已，在体例、文采、义理等
方面均有不足。

　　自司马迁之后至司马光时期的史学编纂，重纪传体，轻编年体；重断
代史，轻通史。入宋以后，史学思想发生新变，北宋学者从明盛衰之变的

角度，更加推崇编年体。而自《史记》至《五代史》，断代正史卷帙浩繁，"诸生历年莫能尽其篇第，毕世不暇举其大略，厌烦趋易，行将泯绝"，史学发展的内在需要，也使得一部融会历代正史的通史写作成为可能。正是在这样的时代背景与学术条件下，司马光和他的团队以良史之才和坚忍不拔之志，以20余年之功，完成媲美纪传体通史《史记》的编年体通史《资治通鉴》（以下简称《通鉴》）。

《通鉴》的绝大部分内容完成于政治斗争激烈的王安石变法时期，司马光和他的助手们都是政治上的反对派，但即使在党争最激烈之时，他们也依然保持了自由思想和独立创作的姿态。司马光作为反对派的领袖，退居洛阳，不责职业，不责功程，一心修书，《通鉴》的编纂工作几乎没有受到影响。《通鉴》书成之后不到两年，宋神宗、王安石和司马光便先后去世，可以说正是因为有北宋中期政治上的包容，司马光个人在政治上的不得志，反而成就了《通鉴》的大成功，是史学之大幸。

《通鉴》史学方法主要体现为"长编考异之法"。长编法是搜集、整理资料的方法，考异法是处理资料的方法，考辨资料异同。自著书自做注为书明其去取，在方法上司马光有首创之功，体现了一种"史学自觉"的精神。通过这种方式，《通鉴》还得以保存大量的原始资料，使得《通鉴考异》资料具有很高的辑佚、校勘价值。

《通鉴》的成功直接激发了编年体在宋代的复兴，南宋再度出现了编年体史书编纂的高峰，并衍生出纪事本末、纲目体等新的的史学编纂体裁。自北宋以来，围绕《通鉴》产生了大批的续、改、注、评、校勘、研究等著作，《通鉴》由一书而发展成为专门之学"通鉴学"。史学领域之外，从宋元"讲史"到明清"按鉴"演义类民间文学，或是内容，或是形式，都不同程度地受到《通鉴》的影响。

北宋陈瓘说，《通鉴》如药山，随采随得；南宋朱熹也说，温公之言，如桑麻谷粟；元代胡三省说，读《通鉴》如鼹鼠饮河，饱腹而已。以《通鉴》之博，读者各取所需，均可满载而归。《通鉴》成书后，也成为上自帝王下至庶民的最重要的历史知识来源。

当然《通鉴》内容主要还是"历代君臣事迹"，预设读者也主要是人君人臣，故其定位首先是"资治"之书，发挥历史镜鉴的作用，所以南宋孝宗说《通鉴》是"万世不刊之书，于人主尤切"。晚清曾国藩推重《通鉴》为"六经以外不刊之典"，认为"先哲经世之书，莫善于司马文正公《资治通鉴》。其论古皆折衷至当，开拓心胸"。

《资治通鉴》的意义不仅仅在于"资治"与"鉴"，更在于"通"。明末清初思想家王夫之阐发《通鉴》中"通"之涵义："君道在焉，国是在焉，民情在焉，边防在焉，臣谊在焉，臣节在焉，士之行己以无辱者在焉，学之守正而不陂者在焉。虽扼穷独处，而可以自淑，可以诲人，可以知道而乐，故曰'通'也。"《通鉴》不仅仅是鉴往知来、经世济民之书，也是开拓心胸、修身脱俗之道。这也正是我们今天仍然需要读史读《通鉴》的原因。

# 第一章　司马光及其时代

## 第一节　宋代的士大夫政治与文化

司马光（1019—1086），字君实，号迂叟，陕州夏县（今山西夏县）涑水乡人，故世称涑水先生。卒后谥号文正，爵温国公，因此又称温公。

图1　司马光《温国文正公文集》
宋刻本　国家图书馆藏

涑水司马氏家族的先世最早据说可以追溯到西晋的奠基人司马懿的弟弟司马孚。司马孚的孙子死葬陕州夏县涑水乡，此后子孙便定居于此。到了司马光的父亲司马池这一代，涑水司马氏已经是当地的名门望族了。司马池（979—1041）景德二年（1005）进士及第，为人正派，以清直仁厚闻于天下，号称一时名臣。司马池在光州光山（今河南光山）知县任上时喜获一子，取名光。光山县北有浮光山，"以浮光之名不美，故反其义而字实耳"，故司马池给司马光取字"君实"。

司马光生于天禧三年（1019）十月十八日，三年后，进入仁宗时代——北宋最为长治久安的一个阶段。此后的英宗、神宗时期，是《资治通鉴》编成的年代，在神宗去世之次年，哲宗元祐元年（1086）九月，司马光病卒，享年68岁。又40年后，靖康之难作，北宋亡。

天禧三年，是宋代第三位君主真宗在位之23年，也是北宋开国60年。60年前赵匡胤陈桥兵变，黄袍加身，北宋建立。北宋之前的五代都是短命王朝，合计也只有53年的时间，新政权面临的首要问题是如何长期巩固下去，避免成为五代之后的第六个短命朝代。北宋的外患，首先就是北方契丹族所建立的强大的辽国，就在十几年前，契丹灭后晋，一度入主中原；在南方则依然是南唐、后蜀、南汉、吴越等多国割据的局面。因而北宋的立国形势是"内则不能无以社稷为忧，外则不能无惧于夷狄"。北宋用了20年的时间平定南方，收拾了晚唐五代以来的割据局面，而在接下来的两次对辽的北伐战争中，则均以失败告终。真宗景德元年（1004），宋辽议和，宋以银绢30万匹两的代价与辽缔结澶渊（今河南濮阳）之盟。40年后，宋又与西北地区的西夏国达成和议。期间辽趁机讹诈，宋有增币之举，不过此后一直到宋徽宗时期，宋辽之间一共维持了近120年的和平，而宋夏之间的战争在和议之后依然断断续续进行了几十年。元祐元年（1086）司马光卒于相位，临终之前他念念不忘的四件大事之一就是宋夏和议问题。

与外忧相比，北宋君臣更为重视的是内患，因为"外忧不过边事"，可以事先预防，而内患经常是防不胜防，为此宋初君臣国家战略转向"守内虚外"，汲取晚唐五代弊政的历史教训，确立了以防弊之政为立国之法的施政原则，制定了一系列地方分权、中央集权、强化君权的措施，将分权制衡的原则贯穿到从中央到地方的所有组织结构中，消除地方割据的基础，防范文臣、武将、女后、外戚、宗室、宦官等等势力出现任何专权的可能。以防弊为原则的制度设计，对于解决晚唐五代以来君弱臣强、争战不休的乱局起到了积极的作用，符合了时人对于稳定的政治目标的追求，也创造了宋人所津津乐道的"百年无事"的长期稳定局面。经济、科技、思想学术、教育与文化等方面，也在这种外部压力时刻存在而又大致和平的时代环境中，在国家崇儒重文的导向之下获得了长足的发展。

宋初太祖、太宗时期为扭转晚唐五代重武轻文的风气，即已确立了文治导向，提倡儒学，完善科举制度。唐太宗曾经形容科举中的进士科在收揽人才的作用时说："天下英雄尽入吾彀中。"这当然有些夸大了，唐代科举制度所能发挥的作用还是受到很多局限，比如制度不够严密，常有徇私舞弊的事情发生；录取人数太少，平均每年只有20人左右，等等。北宋建立之后不到20年，科举考试制度日臻严密，趋向公平、公正、公开，且大幅扩招，提高士人地位，一举扭转晚唐五代儒学不振、重武轻文的倾向，促进了士阶层的空前扩大，海内文士，彬彬辈出。

北宋前期的重文、崇儒、优遇士大夫，培育了士大夫的自尊与自信，养成其自由的思想和敢言的风气。他们提倡尊君，但又声称"道理最大"；他们要君主"与士大夫共天下"，又提出"天下安危系宰相"，宰相要用读书人；他们贬斥势利，崇尚气节，要"与天子争是非可否"，宣言"宁鸣而死，不默而生"。新型士大夫阶层在这样的政治、文化环境中崛起并展现出"以天下为己任"的政治主体意识。

　　建国一甲子后，北宋在政治上已渐渐走出晚唐五代的旧局面，至仁宗时期开始步入科技进步、经济繁荣，政治上长期稳定、学术上百家争鸣的新时代，发展出超轶汉唐的新政治文化、新儒学、新文学、新史学等等，一言以蔽之，即广义的"宋学"。宋学家们大都是兼有政事与学术，以"致广大，尽精微"为其治学宗旨。唯其要致广大，故都有其治国平天下的抱负；唯其要尽精微，故都要对儒家学说的义理进行深入的探索。范仲淹、欧阳修、王安石、司马光、二程（程颢、程颐）、三苏（苏洵、苏轼、苏辙）等等，都是宋学建立过程中的最有影响的学者。

　　同时，仁宗时期也是财政、吏治、军备问题及各类社会矛盾逐渐累积的时期，出现冗兵、冗官、冗费等等问题。开国初期基于防弊原则的许多制度创新，经累世因循，日久弊生，渐渐积淀为旧传统，反而成为需要被革新的对象。仁宗庆历（1041—1048）、嘉祐（1056—1063）时代，伴随着新型士大夫的崛起，世之名士常患法之不变，政治革新呼声高涨，最终形成了庆历年间由范仲淹等人所主导的新政，以及神宗时期王安石所主导的熙丰新法两次变法革新运动。

图2　《宋仁宗坐像轴》　台北"故宫博物院"藏

　　自仁宗时期始，对于宋初所制定的法度的守成与革新的问题，成为贯穿于北宋一代政治上的主要问题。政坛纷争、学统四起，政治与学术相结合的诸领域掀起一波又一波的新旧之争。司马光也在这样的学术与政治的纠葛中完成其一生中最重要的两项事业：废除王安石的新法，编成《资治通鉴》。前者毁誉一时，后者功在千秋。身处 11 世纪的大变局中，司马光成为北宋保守主义政治家中最重要的领袖，也是宋代新史学的最杰出代表。

# 第二节　学术与政治之间

### 一、青年司马光

童年时期的司马光最为人称道的就是砸缸的故事了。司马光在庭院中游戏时，一个小孩不小心失足跌入一口盛满水的大瓮中，小司马光镇定自若，他搬起一块大石头奋力砸向水缸，缸破水出，小孩得救。七岁司马光砸缸的故事被画成《小儿击瓮图》在首都东京和西都洛阳间流传。

少年时期司马光的记忆力并不出众，他自知不足，因而笨鸟先飞，在别人熟读成诵出去游玩的时候，就独自用功，经常读书至深夜，直到能够背诵才罢休，结果因用力深，很多内容都是终身不忘。司马光如此手不释卷，不知饥渴寒暑地读书，到 15 岁时已经是读书广博，20 岁高中进士。30 年后司马光在写给两个秀才和他的侄子的劝学诗中写道："力学致显位，拖玉簪华冠。毋为玩博弈，趣取一笑欢。壮年不再来，急景如流丸。"正是司马光少年努力向学的写照。

除在少年时期就受到良好的教育外，司马光还受到父亲严格家教的熏陶。大约五六岁的时候，司马光有一次吃核桃，可是核桃皮剥不开。后来丫环用开水烫了一下，就很容易地剥开了。姐姐问是谁剥开的，司马光便谎称是自己的主意。司马池知道后严厉地批评了司马光："小孩子怎么能撒谎！"父亲的这一教训影响了司马光的一生。诚，成为司马光非常看重的一项品质，他的门生刘安世曾说司马光教的第一件事就是要诚，不妄语。

少年时期的司马光在性格上已经比较成熟，能自制，并有意识地培养自己刚正的个性。19岁时，司马光作了《铁界方铭》，赞扬其"端平直方"，并将之作为自己立身践道的准则；又作《勇箴》，以为"致诚则正，蹈正则勇"，培养自己的诚意和正气。司马光自觉地养我浩然之气，自我锻炼成才，很早就养成端平直方、诚正、勇决的性格，这在他以后的仕宦生涯中也得到充分的体现。

这个时期司马光还作有《剑铭》并序，表达了武力不足恃的观点，认为只要守住道义，则可以全身守国。从中我们不难看到司马光在神宗和哲宗时期主张和好西夏反对动武的认识渊源。

宋仁宗宝元元年（1038），司马光中进士甲科第六名，从此开始其近半个世纪的仕宦生涯。宝元元年正是李元昊称帝的时候，宋对夏作战失利，在北方增添弓手，加强防守。距离前线较远的两浙也准备添置弓手。司马光代知杭州的父亲起草了《论两浙不宜添置弓手状》，立意在于不能扰民。然而就在司马光在政坛初试锋芒的时候，他的母亲与父亲先后去世，庆历四年（1044）十一月司马光服丧毕，投奔父亲的好友庞籍，不久又任职滑州韦城。

庆历年间是司马光政治思想和历史观逐渐定型的时期。司马光的治国理念、外事主张和人才标准，都在这个阶段的写作中得以体现，如《贾生论》《十哲论》《才德论》《廉颇论》《邴吉论》。庆历八年（1048）庞籍升副宰相，推荐司马光召试馆职。通过后授予馆阁校勘一职。馆阁为"储才之地"，校勘级别虽低，"一经此职，遂为名流"。司马光对举荐自己的庞籍非常感激，"大恩固已无量矣"。司马光在任馆职期间学业精进，声誉日广，不久又出外做了两任通判，政治经历和经验也更加丰富。

二、王、马之争

嘉祐二年（1057），司马光奉调回京，六年（1061）六月，由于韩琦的推荐，司马光升迁为同知谏院。在以后的五年谏院生涯中，司马光共上奏议 170 多道，年均 34 道，知无不言言无不尽，成为著名的诤臣。期间王安石在嘉祐四年（1059）进京为官，两人成为同僚和好友。司马光称赞王安石是"今之德行文辞为人信者"，自己仅"及安石一二"，对王安石的道德文章推重至极。在此期间，作为诗友，两人在诗歌上还多有唱和。嘉祐四年王安石写成著名的《明妃曲》二首后，在东京的朋友司马光和欧阳修、梅尧臣等都相继写了和诗。司马光还写过一首《和王介甫烘虱》，戏谑了王安石的生性疏懒、不拘细行的坏习惯。王安石对司马光也同样是非常推重，称司马光"政事艺文操行之美，有闻于世"，"行义信于朝廷，文学称于天下"。对司马光的道德、政事、文学、经术都给予了很高的评价。

嘉祐年间，王、马二人意气相投，他们二人同吕公著、韩维同为近臣，"特相友善"，当时人称他们为"嘉祐四友"。一直到十几年后，司马光写信给王安石，还自称畏友，王安石在回信中也说"窃以为与君实游处相好之日久"。可见两人在嘉祐年间确实是交情非浅。然而就是这样的一对朋友到了神宗行新法时，却成了"犹冰炭之不可共器，若寒暑之不可同时"的政敌。

治平四年（1067）正月，神宗即位。原先的嘉祐四友都得到神宗的重用。三月以吕公著、司马光并为翰林学士。司马光与王安石两度同朝为官后，原先亲密友好的朋友在政事上也开始屡屡出现分歧。主要的争端是理

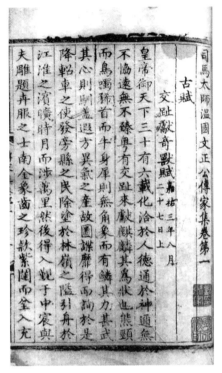

图 3　司马光《司马太师温国文正公传家集》　明刻本　杭州图书馆藏

图 4　（宋）王安石《临川先生文集》宋绍兴二十一年（1151）两浙西路转运司王珏刻元明递修本　国家图书馆藏

财之争。

　　熙宁元年（1068）南郊祭祀后，根据惯例，配祀官员会得到若干赏赐。宰相曾公亮以今年河北水灾严重，请求裁此赐予。神宗将曾公亮的意见转达给翰林学士院，想听听学士们的意见。司马光赞同，王安石反对，认为裁减有伤大体，提出"国用不足，是由于未有善于理财的人"，真正善理财的人，可以不增加老百姓的赋税而国用富足。司马光认为这是汉武时期桑弘羊的欺人之谈："天地所生万物有定数，不在民间则在公家。使国用富足，不取之于民，又能取自何处呢？"

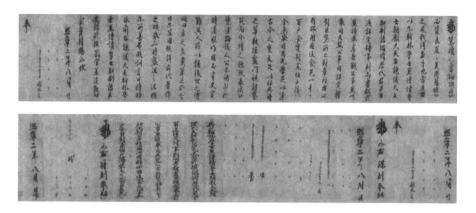

图 5　熙宁二年（1069）司马光充史馆修撰官告　日本熊本县立美术馆藏

司马光以其历史学家的敏锐，根据历史的经验认为，自来理财都是对百姓的聚敛。而王安石根据其多年担任地方官的实际经验，认为"欲富天下，则资之天地"，完全可以做到"民不加赋而国用饶"。司马光既然不能理解王安石，自然对于在此思想指导下的熙宁新法也就难以赞同了，成了新法的反对派。

熙宁三年（1070）二月，神宗任命司马光为枢密副使，王安石反对此项任命，对神宗说道："司马光好唱反调，但其才不足以危害新法。只是像司马光这样的人，会被别的新法反对者倚为靠山。如果擢任高位，就等于是为政见不同者树立旗帜。"司马光自己也是连续九次请辞，坚决不接受新职。尽管两人有冲突，但司马光对于王安石的学识人品并不曾怀疑过，他只是觉得王安石太执拗，又信任非人，如果晓之以情，动之以理，那么转变王安石的观念是有希望的。于是从二月末起，司马光给王安石连写三信。司马光指出君子和而不同，小人同而不和，两人虽出处不同，但立身行道辅世养民的志向则是一样的。在指出了王安石在新法措施和政治作风上的错误之后，司马光表明自己之所以这样做，正是尽了益友的本分，而取舍与否则在于介甫了。王安石回信说两人"议事每不合，所操之术多异故也"，在这种情况下"虽欲强聒终必不蒙见察"。一句话，两人的政治分歧实在是无法弥合，道不同不相为谋。然而分裂的不仅仅是道术，还有友情。

十月，司马光终于获准以端明殿学士知永兴军。十一月，司马光离开生活了 14 年的东京，前往陕西。几个月后司马光又两度申请退为闲官。熙宁四年（1071）四月十八日，司马光西京留司御史台的请求获准。在行前司马光写了一首诗，其中有句云："风光经目少，惠爱及民难。可惜终南色，临行仔细看。"在这个时候，司马光颇有壮志难酬之感，怀着这种落寞之感，司马光前往洛阳，"自此绝口不复论新法"。

### 三、元祐更化

王安石和宋神宗的新法遭遇的最大对手是司马光，然而司马光对新法的威胁不在王安石和宋神宗的生前，而是在他们的身后。

元丰八年（1085）三月初，宋神宗病卒，他的不到十岁的儿子即位，是为哲宗，太皇太后高氏垂帘听政。闲居洛阳 15 年的司马光被召回，授予重任。司马光自己怎么也不会想到，在取得了学术上的巨大成功之后，自己竟然还有机会再登政坛，并主导了此后宋代政治的走向。

高氏本来就是新法的反对者，在垂帘听政以后，就已经开始部分地废罢新法。为了维护新法，新法派提出了"三年无改于父之道，可谓孝矣"的理论，认为神宗陵土未干即变更新法，是为不孝。在标榜"以孝治天下"的年代，这自然是一个很严重的问题。如何突破"祖宗之法"的限制，成为摆在反变法派面前的一个无法回避的理论问题。司马光提出："现在的军国之事，是太皇太后说了算，这样就是以母改子之政，不是以子改父之道，有什么可担忧的而不去改作呢！"如果说以子改父为不孝，那高氏以母改子就不存在这个问题了。正是在"以母改子"的旗帜下，司马光执政以后，依靠太皇太后的支持全面废罢新法。司马光"以母改子"之说既含有对先帝的不忠，也是对小皇帝的漠视，造成后患无穷。小皇帝总要长大，太皇太后不可能比哲宗皇帝活得更长。

司马光自元丰八年五月复出，次年即元祐元年（1086）拜相。司马光主持政局，做的最重要的事情就是在内"拨乱反正"，打击新党，废罢新法，史称"元祐更化"。在复出后 15 个月的时间里，拖着赢弱之躯的司马光写了一百多篇奏疏，由于事必躬亲，终于病倒。临终前青苗、免役、将官之法的废罢还在争论纷纭，同西夏和解也没有能够达成，司马光长叹道："四患未除，我死不瞑目啊。"元祐元年（1086）九月初一，司马光病卒。临终时，床上仍有《役书》一卷。

在司马光去世以后，旧党又制造了一起文字狱，陷害了已经罢免的宰相蔡确，新法派的势力被彻底清除。然而这样一个诸贤当道的"好人政府"却并没有将政治引上正轨，在清除了新法派之后，旧法派内部却又起党争。争来夺去没有几年，随着太皇太后的去世，政局突变，新旧两党风云再起，而这一次却是较以前来得更加猛烈。

元祐八年（1093）九月，反变法派的靠山太皇太后高氏病卒，已经长大成人的哲宗开始亲政。早已经厌恶了太后的垂帘和元祐大臣漠视的哲宗终于可以一抒多年来的胸中积怨了。他重新起用了原新党领袖章惇，变法派重新上台，元祐大臣相继被贬往南方远恶军州，后来有很多人就死在了那里。元祐大臣的领袖司马光虽然已卒，仍难逃厄运。所有朝廷给予他的荣誉和赠典包括哲宗亲书的碑额都被收回，碑文被磨去，碑身也被砸毁，

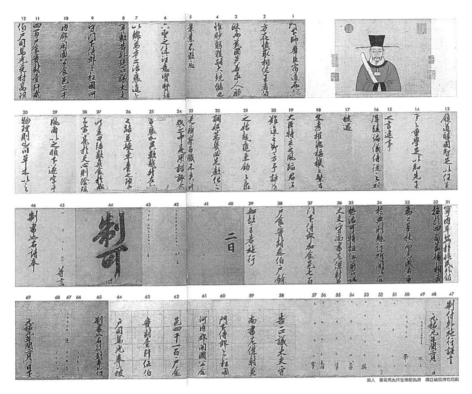

图 6　元祐元年（1086）司马光拜相官告　台北"故宫博物院"藏

部分新法党人甚至提出要掘墓曝尸！

　　宋徽宗上台后，重用了蔡京，借恢复新法为名，党同伐异，大搞党禁，在全国各地树立起"元祐党籍碑"，元祐党人再遭禁锢，遭到了变本加厉的迫害。宋元之际诗人方回有跋《独乐园图》诗云："墓碑一仆党碑立，已觉园花埋战尘。"国是日非，政争到了如此残酷的程度，已经是去亡国不远了。

　　靖康元年（1126）金军兵临城下，在李纲的主持下终于为司马光恢复名誉，恢复赠典，解除了元祐党禁和学术之禁。次年，北宋亡。又140年后，南宋度宗咸淳三年（1267），司马光从祀孔庙。

图 7    "元祐党籍碑"拓片    原碑在广西柳州融水真仙岩老君洞
嘉定四年（1211）刻    国家博物馆藏

## 四、迁叟之"迁"

曾有人将熙宁时期以王安石和司马光为首的政争称为最纯洁的党争。即使在两人最为对立的时候，也没有互相攻击过对方的道德、人品和学问。王与马都是道德高尚的真君子，不管是支持还是反对新法，他们都怀抱着一个高尚的目的，而不是汲汲于个人私利。就像司马光给王安石的信中所说的，他们是君子和而不同。王安石希望通过变法国富民强，鞭挞四夷，司马光力主和戎，其出发点还不都是为了国家的长治久安？然而在他们身后仅仅 40 年，北宋即走向末路。有人攻击王安石变法是祸乱之源，有人攻击司马光是党争恶化的罪魁。王、马二人即使在地下恐怕也只有锥心泣血恸哭相向了。

图 8　《王安石像》　台北"故宫博物院"藏《历代圣贤名人像册》　　图 9　《司马光像》　台北"故宫博物院"藏《历代圣贤名人像册》

司马光是一个天生的保守派，或者说是稳健派，他与新法派的无法调和从他最初的个性和政治主张中可见端倪。

司马光居洛的时候游嵩山，曾题字云："登山有道：徐行而不困；措足于平稳之地则不跌。慎之哉！"同样是游山，将此题字与王安石的《游褒禅山记》相比较，反映的是完全不同的理念。也是在此期间，司马光有一次问素来敬佩的大学者邵雍："我司马光是一个怎样的人？"邵雍回答道："君实是脚踏实地的人。"这个回答与司马光的自我认识相符："光视地然后敢行，顿足然后敢立。"

从这些朋友以及自我的评价当中，司马光小心翼翼、保守、稳重的性格如在目前。同王安石理想中的瑰奇之境不同，司马光更加注重眼前，脚踏实地，不会为了略显遥远的目标而冒险。

司马光又是一个极其孝友、忠信、方正、诚实的人。他曾经说道："吾无过人者，但平生所为，未尝有对人不可言者。"司马光极端的方正、诚实到近乎迂阔，因此在好多时候又不免执拗。司马光的坚持己见、执意不回在变法之前就已经如此，但由于不当政，因而这一性格上的弱点对政治的影响不大，反而赢得了诤臣的名声。而司马光执政以后，这一特点就显得非常的突出了，这尤其表现在关于免役法改革的争论中。苏轼并不赞成司马光全面废除免役法、恢复差役。他认为免役法较之于差役法有很多优点，其弊端在于于雇役实费之外多取民钱。如果能够量出为入，无多取民钱，则免役法对老百姓还是非常有利的。他觉得司马光知免役之害，而不知其利，因此就到相府找到司马光争论，结果搞得司马光很不高兴，两人不欢而散。回家之后，苏轼也是余怒不消，气愤地喊道："司马牛！司马牛！"

范纯仁认为"法令难免有不便之处，然也有不可尽革的地方，施政之道在于去其太甚者罢了"。于是就上言于司马光，请求暂缓全面废罢，先在一州搞试点，看看利弊所在，然后渐渐推行，这样就不至于骚扰百姓，法令也可以持久。司马光不听。范纯仁叹息道："这又是一个王介甫啊。"然后再次给司马光写信："此法如果缓行并深思熟虑则不至于扰民，如果急行且考虑不周就会扰民。现在您宁肯扰民，也要将考虑不周的法令让不负责任的官吏急速推行，那就越发扰民，更在您意料之外。"

范纯仁、苏轼都是司马光最信得过的人，然而对于他们的批评意见司马光竟是丝毫听不进去，就像苏轼所说："其意专欲变熙宁之法，不复校量利害，参用所长也。"其执拗、拒谏、师心自用的程度又岂在他们素所反对的王安石之下？司马光的执拗有很大一部分是与其见识不足相随。朱熹即认为"温公力行处甚笃，只是见得浅"。韩琦的回答是"才偏规模小"。苏辙对司马光的评

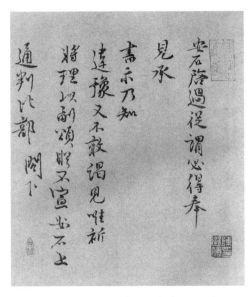

图 10　王安石《过从帖》　纸本
26×32.1cm　台北"故宫博物院"藏

价是"君实为人，忠信有余而才智不足"。

　　从这些批评中我们可以看到，司马光本非救时宰相，徒以德高、富有人望而入相。司马光去世以后，有人曾对司马光的高足刘安世说道："三代以下，宰相、学术，司马文正一人而已。"刘安世的回答是："学术固然如此，宰相之才则不敢以为第一，因为元祐大臣大都是道德有余而才智不足。"他接着又说道："司马公能格君心之非，如果用为御史大夫或者谏议大夫执法殿中，或者作为帝师劝讲经幄，那是真的前无古人啊。"这真是非常有见识的评论。

　　司马光为人方正，道德高尚，学术文章皆属一流，但也有他保守派政治家的局限，在有些职位上，他可以做到完美，其"诚""迂""拗"的个性甚至可以助成他的完美，而一旦越过此种局限，他甚至不如常人，其

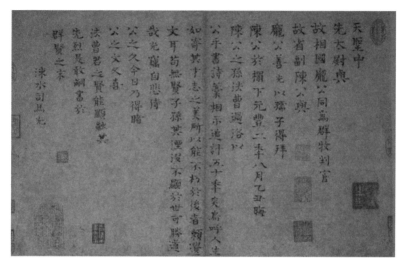

图 11 司马光《天圣帖》 纸本 30.3×48.6cm 台北"故宫博物院"藏

个性反成弱点。

司马光一生的事业,主要就体现在编纂《资治通鉴》与废除熙丰新法两个方面。在南宋诋毁王安石的话本《拗相公》中,曾假设如果王安石能在新政前去世,那么他将流芳百世。同样也可以假设,如果司马光没有最后一年半的复出,那么历史上记住的司马光将永远是一个伟大的史学家、一个道德完美主义者、一个令人尊敬的政治上的反对派。

# 第二章　《资治通鉴》编修始末

## 第一节　《资治通鉴》之前的史学

中国古代史书编纂体裁，发展至北宋，最要者为编年、纪传二体。编年体以《左传》为代表，以年月为纲，按照时间顺序叙述历史，兼记言、事，脉络清晰，并附以评论。西汉司马迁（约前145—？）创纪传体，著《史记》130篇，其中"本纪"以编年形式提纲挈领地记帝王事迹；"表"以时间为纲表列同时发生史事，有世表、年表、月表三种形式，详近略远；"书"以事类为中心记同类性质史事；"世家"分国记事兼及重要人物；"列传"以人物为中心记事，有单传、合传、附传、类传之分。《史记》融合旧有史学体裁，体大思精，记人、叙事兼具文、史之美，被鲁迅誉为"史家之绝唱，无韵之《离骚》"。东汉班彪（3—54）续《史记》作《后传》，其子班固（32—

图12　《司马迁像》　台北"故宫博物院"藏《历代圣贤半身像册》

92）在此基础上完成《汉书》100篇，断代为史，创立以纪、传、表、志为主要形式的纪传体断代史体例。汉末荀悦（148—209）奉诏以《左传》体改编《汉书》为编年体之《汉纪》30卷，创编年体断代史体例。

编年、纪传两体各有优劣。编年体以时间为纲，记事为主，同时之事编排在一起，叙事脉络分明，语无重出。纪传体以记人为主，纪、传、表、志相互为用，人事、典制萃于一书。编年体短处在于记事以大事为主，遗漏必多；行文以简为要，干燥无味。不似纪传体可以做到巨细无遗，丰富有趣。再则编年体因为要按时间编排史事，会出现"一事而隔越数卷，首尾难稽"的问题，割裂事件的连续性。纪传体的局限在于，因为以记人为主，会出现同一件事情分见于多人传记中的情况，"断续相离，前后屡出"，一则不免重复，造成篇幅的繁重，不似编年体"理尽一言，语无重出"；二则割裂事件的完整性，非合观不能得其全貌。纪传体的合传、类传等，因为是以类相从，在编排上存在"编次同类，不求年月"的问题，将不同时期的人物同传，比如《史记》春秋时期的老子与战国时期的韩非同传，战国时楚国的屈原与西汉的贾谊同列。二体互有得失，所以唐代刘知幾说二体皆不可废，"各有其美，并行于世"。

自班固、荀悦各以纪传、编年二体断代为史，后之作者，不出此二途。魏晋南北朝时期编年、纪传二体并行。该时期的东汉史著作中可考者13种，其中纪传体11种，编年体2种；三国史著可考的有15种，其中12种为编年史；晋史可考者23家，11家为编年史。南北朝史可考知者，纪传体29种，编年体13种[①]。至唐初开史馆修史，纪传体被认定为官修"正史"

---

① 根据金毓黻《中国史学史》第四章《魏晋南北朝以迄唐初私家修史之始末》（商务印书馆，1999）相关内容统计。

图 13 （汉）司马迁《史记》 宋绍兴淮南西路转运司刻本 上海图书馆藏

体例，二体并行局面被打破。唐初所成 8 部正史，除了李延寿自著《南史》《北史》外，其他 6 部皆官修纪传体断代史。五代至北宋中期，增《旧唐书》《旧五代史》《新唐书》《新五代史》4 种，在司马光的时代，历代王朝纪传体断代史已达 19 种。自初唐直至北宋中期，纪传体成为最主要的断代史编纂体裁，编年体主要用于编纂历朝《实录》，私史修撰采用编年体者寥寥无几。

断代体流行后，通史编纂遭冷落，《史记》效仿者很少，也无成功者。南朝时梁武帝组织编写《通史》602 卷，记上古至南齐事；唐后期宣宗时姚康撰《统史》300 卷，记"开辟至隋末"事，前者为纪传体，后者为编年体，由卷数之多，可见其芜杂，皆不传。中晚唐时期高峻作《高氏小史》60 卷，

抄纂《史记》至《隋书》而已，并附以唐朝实录，实际记事至唐文宗，因
为较简明，流传甚广，司马光少时读史的通史知识主要来自此书。

简而言之，在司马光之前的史书编纂中，纪传体盛行，编年衰微；断
代为史易行，通史难成。自北宋中期始，宋人对此前正史编纂的批评越来
越多，重振编年体的呼声越来越高。

年长司马光 21 岁的孙甫（998—1057）是提倡编年体最力的学者。他
认为纪传体的好处是便于记事，失之大者不在于前人提到的事杂文繁之类，
而是有失体法。治乱之迹，散见于纪传史料中，隐而不显，"不足以明一
代盛衰之由"，而编年之法则是"体正而文简"，用编年之体，次序君臣
之事，可以明治乱之本，谨劝戒之道①。他还身体力行撰编年体《唐史记》
75 卷，元丰二年（1079），他的侄子孙察录此书副本赠予司马光。

孙甫关于编年体的认识影响了宋代的很多学者。协助司马光编修《资
治通鉴》的助手刘恕也认同编年体是"古史记之正法"。南宋杰出史学家
李焘踵司马光之后著有《续资治通鉴长编》，他也称赞编年体才是著史之"良
法"。宋代学者普遍认同著史的宗旨在于明治乱之本，而纪传体长于记人，
对个人的善恶、得失，甚至逸闻轶事容易记得详细；编年体则详于一国治
乱之事，更容易发现历史的大关节，观察到盛衰之变。普通读者喜欢历史
人物故事，更喜欢纪传体，而对于更注重历史的教训，想探明历代治乱兴
衰之由以有资于治道的宋代士大夫而言，编年体更有益，这是编年体能够
在宋代复兴的思想基础。

北宋设三馆(昭文馆、史馆、集贤院)、秘阁掌图书的收藏、整理与编纂。

---

① （宋）孙甫：《唐史论断序》，收入（宋）吕祖谦编、齐治平点校《宋文鉴》卷
87，中华书局，1992 年，第 1240 页。

宋初承五代之余，藏书仅 1 万多卷，经过广开献书之路，大规模搜集图书之后，仁宗时三馆秘阁藏书达 14 万卷，经过整理去其伪谬重复后，编成《崇文总目》，著录图书 3 万多卷。自太宗至仁宗时期，馆阁还对北宋之前的所有 16 部正史进行了校勘，尤其是仁宗时期，除了《唐书》下诏重修外，新校了 10 史，并对太宗、真宗时所校 5 史进行了复校。其中《宋书》《齐书》《梁书》《陈书》《魏书》《周书》《北齐书》等 7 史的校正始于嘉祐六年（1061），历时十余年，至神宗时方才全部完成。后来成为司马光助手的刘恕、刘攽、范祖禹等三人都参与了 7 史的部分校勘工作。

图 14　司马光《司马文正公集略》　明嘉靖十八年（1539）俞文峰刻本
中山大学图书馆藏

正是在嘉祐年间，司马光说："《春秋》之后，迄今千余年，《史记》至《五代史》，一千五百卷，诸生历年莫能尽其篇第，毕世不暇举其大略，厌烦趋易，行将泯绝。"① 不管是从史学发展的内在理路、宋代学者对于史学编纂体裁的新认识，还是从北宋前期的图书收藏、史籍整理、人才储备等史学进展的客观条件来看，一部上继《左传》、媲美《史记》的编年体通史的编纂时机，已经到来。

## 第二节　《资治通鉴》的始修

司马光自言"偶自幼龄，粗涉群史"，对史学的兴趣可以追溯到少年时期。7 岁时司马光听人讲《左传》，非常喜欢，回家后就为家人复述，并能讲明大义，而对经书却"虽诵之而不能知其义"。在读史的过程中司马光意识到纪传体史书的弱点，萌发了编写一部编年体通史的想法②，这个想法萌生的具体时间不详，极有可能是在 30 多岁的时候③。司马光欲以编年体著史，是与当时对编年体的推崇相呼应的，以此体作通史，当时尚无先例，那么他这部通史的开篇要始于何时呢？

---

① （宋）刘恕《书资治通鉴外纪后》（《宋文鉴》卷 130）引司马光语。司马光所说 1500 卷，是指自《史记》至五代宋初所修的《旧唐书》《旧五代史》共 17 史而言，以今本数字统计，为 1625 卷，加上北宋中期所修的《新唐书》《新五代史》，为 1924 卷。

② 《司马光集》补遗卷 3《乞差刘恕赵君锡同修书奏》，李文泽、霞绍晖校点，四川大学出版社，2010 年，第 1662 页。

③ 司马光酝酿编著《通鉴》的时间，现在基本公认是在司马光大约 40 岁左右的嘉祐年间（1056—1063），依据是刘恕的《资治通鉴外纪序》。梅尧臣《宛陵集》卷 39《送司马学士君实通判郓州》："君家世典史，君复续祖为。兰台未成书，汶阳从已知。"此诗作于至和元年（1054），司马光是年 36 岁。司马光实际著史的念头可能就更早。

司马光最初的写作计划比较庞大，是要写 1800 年的通史。他在早年读史的时候，因为史书太多，"文繁事广，不能得其纲要"，就自己动手作一书，"上采共和以来，下讫五代（907—960），略记国家兴衰大迹，集为五图。每图为五重，每重为六十行，每行记一年之事"。共记 1800 年间事，取名《历年图》。司马光著此书只是为了便于私下讨论，没有想到要流传，没想到被赵某刊刻，不但内容、卷数都有改动，连名字也给改成了《帝统》。这个《历年图》是什么时候编的，不得而知，但从中我们知道司马光这个自编简明通史，是从共和元年（前 841）开始的，这与后来的《资治通鉴》（以下简称《通鉴》）不同。

最迟到了嘉祐年间司马光 40 多岁的时候，我们已经可以确定他已经有意编写一部能够"成一家书"的编年体通史，而它的起始时间有别于先前写的《历年图》。司马光在此期间曾对刘恕，也是他后来编写《通鉴》的最主要助手，说自己"欲托始于周威烈王命韩魏赵为诸侯，下讫五代，因丘明编年之体，仿荀悦简要之文，网罗众说，成一家书"①。周威烈王命韩魏赵为诸侯的时间，是周威烈王二十三年（前 403），也就是今本《通鉴》开始的时间。这是我们现在能够见到的关于司马光《通鉴》一书的起始、体裁的最早最明确的记载。

刘恕曾经请教司马光，他的这部通史，为什么不是始于上古或尧舜。司马光回答说东周以来的历史，部分已经见于孔子编订的《春秋》了，而"孔子之经，不可损益"，那为什么不接着《春秋》写呢？司马光说："经不可续。"《春秋》是圣人之经，司马光认为自己不能去改编《春秋》，也没有资格去续写《春秋》，所以就从周威烈王二十三年命三家为诸侯开始。

---

① （宋）刘恕：《书资治通鉴外纪后》。

孔子编《春秋》，止于鲁哀公十四年（前481），《左传》记事以公元前453年的韩、赵、魏三家灭智伯收尾，多出《春秋》27年。《通鉴》在记三家为诸侯之后，以"初"字追述三家灭智伯事。可见《通鉴》之作，实接《左传》，不续经而续传。

司马光喜读历史，尤好《左传》，其师法左氏著史，时间上接续《左传》，是比较自然的选择。其特异之处在于其事接《左传》，而行文必始于三晋为诸侯，实寓有司马光独到的历史理解与政治思想。司马光提出"天子之职莫大于礼"。所谓礼，也就是纪纲，即"天子统三公，三公率诸侯，诸侯制卿大夫，卿大夫治士庶人"的礼治秩序。此纪纲的关键又在于君臣名分，此乃"礼之大节"，不可乱；而维护此名分的主要手段则是名，"惟名与器，不可以假人"。维护此一秩序的最后防线则是天子，如果连天子自己都不能维护纪纲而自乱名分，则王道尽。司马光认为，周威烈王二十三年这一年，天子命魏斯、赵籍、韩虔三家晋大夫为诸侯正是天子失职的表现。韩、赵、魏三家于晋为卿大夫，于周则为陪臣，三家专有晋国之政，犹惧于君臣名分而不敢自立，周天子不但不能诛讨之，反而升之为诸侯，是连"区区之名分复不能守而并弃之"了。因此在司马光看来，三家分晋便具有了不同寻常的历史意义，成为时代区分的标志性事件，故而《通鉴》开篇便书而论之。正所谓开宗明义，《通鉴》首论之纪纲，也正是《通鉴》的大纲所在。《通鉴》294卷，念兹在兹的就是纪纲二字。

司马光不满于以前编的《历年图》"杂乱无法"，是"浅陋之书"，几年以后，在英宗治平元年（1064）三月，司马光奏进了重新编订的《历年图》五卷，"上自周威烈王二十三年，下尽周世宗显德六年，略举每年大事，编次为图，年为一行，六十行为一重，五重为一卷，凡一千三百六十二年"①。编纂形式看起来与以前的《历年图》相同，但内容上应该是改变了以前杂乱无法的样貌了，起讫年代则已是与后来的《通鉴》一致，所以有不少学者将这个修订版的《历年图》看作是《通鉴》的编纂提纲。

可能是在奏进《历年图》之后，司马光才开始了他的通史写作②。两年以后，治平三年，司马光进上《周纪》5 卷和《秦纪》3 卷，起周威烈王二十三年韩、赵、魏三家为诸侯，下至秦二世三年（前 207）秦亡，记200 年间战国至秦朝之间的大变局，即后来《通鉴》中前 8 卷；司马光当时定的名字为《通志》。

英宗对这 8 卷很欣赏，下诏命司马光接续此书编历代君臣事迹，不过对《通志》这个名字似不认可，让司马光等到书成之后"取旨赐名"③。在司马光陈述了私人修史的艰难后，英宗为司马光提供了非常优越的编书条件：1. 在崇文院内设书局，可利用其中三馆、秘阁的丰富藏书。2. 司马光可自己选择官属两名。3. 派遣内侍承担日常工作。4. 供应笔墨、水果等等办公、生活用品。司马光自己都承认是"眷遇之荣，近臣莫及"。

治平四年（1067）正月，英宗病逝，年仅 20 岁的神宗皇帝即位。十月九日，司马光奉旨进读《通志》，司马光为神宗讲的第一堂课就是《通

①　《司马光集》卷 66《记历年图后》，第 1374 页；卷 51《乞令校定资治通鉴所写稽古录札子》，第 1078 页。

②　比较《历年图》与《通鉴目录》，《历年图》中内容几乎全都收入《目录》，而《目录》内容远远多于《历年图》，即以《通鉴》卷一内容看，其中有重要的内容不见于《历年图》，说明了编写《历年图》的时候，今本《通鉴》的第一卷尚未开始编纂。

③　景德二年（1005）真宗令王钦若等修"历代君臣事迹"，"著历代事实为将来典法"，大中祥符六年（1013）七月完成，赐名《册府元龟》。英宗仿效真宗故事而已，将"历代君臣事迹"或"论次历代君臣事迹"看作是书名，并不准确。

志》开篇的三家分晋故事。年轻的神宗对于司马光著史托始于三家分晋的"造端立意"有非常精准的理解,认为此书"鉴于往事,有资于治道",赐书名为《资治通鉴》,并将自己做皇子时的王府藏书 2402 卷赐给司马光。不久又赐以御制《资治通鉴序》①,等到将来书成之后冠于卷首。

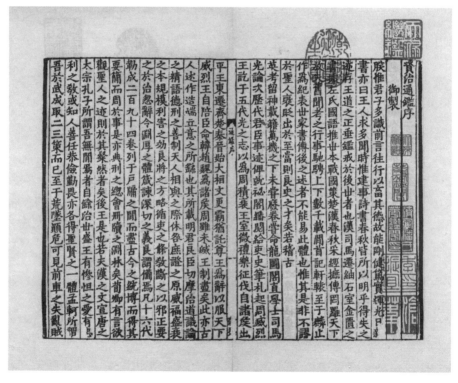

图 15　宋神宗《资治通鉴》序　《资治通鉴》卷首　宋绍兴两浙东路茶盐司公使
库刻本　国家图书馆藏(《中华再造善本》)

司马光著史的宗旨是"鉴前世之兴衰,考当今之得失,嘉善矜恶,取

------

① 据南宋楼钥《跋王岐公端午帖子》载王珪之孙的话,御制《资治通鉴序》为王珪代作,"不敢编入家集中"。此序中提到全书"凡十六代,勒成二百九十四卷",有学者怀疑是不是司马光根据《历年图》已事先定卷数如此。按:据《历年图》的编纂方式,无法推算出《通鉴》卷数,序中数字当是在《通鉴》完成之后补写。

是舍非"①。神宗的赐名，比此前的《通志》《历代君臣事迹》之类，都要贴切得多。

司马光修《通鉴》，连得两任皇帝的眷顾。皇帝以诏书的名义令编次历代君臣事迹、开书局、置官署、赐名、制序，都是在仿真宗时官修《册府元龟》故事，此后《通鉴》的纂修看起来具有一些官修的性质，但仅仅是名义上的，政府除了提供人员、物质支持外，对于如何修史、修史时间等等没有提出任何的要求。主修人员即使在日后全体成为政治上的反对派而身陷激烈的政治斗争中，也依然保持了自由的思想和独立创作的姿态，《通鉴》的纂修也没有因之而中断。国家有支持、无干预；司马光等史家有抱负、有能力，《通鉴》的成功，不仅仅是史家个人的成功，更是时代的产物，一个文质彬彬的时代，值得拥有《通鉴》这样的不朽史著。

## 第三节　熙丰政争中的《资治通鉴》纂修

### 一、司马光的助手们

（一）

随着书局的设立、赐名赐序等等举措，《资治通鉴》（以下简称《通鉴》）的纂修由司马光独立编纂进入了司马光主导的书局集体编修时期。这一时期一共有 19 年，前期 4 年书局在开封，主要助手有刘恕、刘攽；后期 15 年书局在洛阳，主要助手为范祖禹。

治平三年（1066），司马光奉诏开书局，首选刘恕、赵君锡两人入局。

① 《司马光集》补遗卷 2《进资治通鉴表》，第 1647 页。

赵君锡是个大孝子，为了照顾父亲而宁愿不仕，因为有史才被司马光推荐，但不久就因父亲去世无法入职，司马光于是另选刘攽代替。从后来的发展看，赵君锡在史学方面没有做成任何成绩，而刘攽却是著名的汉史专家，同刘恕一起成为书局设立前期最重要的助手。

司马光的儿子司马康后来总结《通鉴》成功的原因，其中一条就是司马光选了对的人，"此书成，盖得人焉"。

刘恕（1032—1078），字道原，筠州高安（今江西高安）人。

刘恕父亲刘涣（1000—1080），字凝之，号西涧先生。刘涣在仁宗天圣八年（1030）进士及第，与欧阳修为同年。刘涣在 50 岁的时候，因为个性刚直与上级不合，弃官而去，一隐庐山 30 年。欧阳修作《庐山高》诗，表彰其不屈于宠荣声利。刘恕之贤，是得于其父之风烈。刘恕少颖悟，过目成诵。18 岁的时候，刘恕进京应试，在儒家经典著作的考试中名列第一，名震京师，而司马光是当时的考官之一，两人 30 年的友谊由此开始。

刘恕以经义考试优等入仕，但他自己更喜欢和更擅长的却是史学。还是十几岁的时候，刘恕从别人家中借来《汉书》《唐书》，仅一个多月就读完归还，以至于大家还都以为他根本未曾读过。30 岁的时候，刘恕曾特地绕路到宋敏求家看书。宋敏求是宋代最有名的大藏书家之一，家中藏书多达 3 万卷。王安石就是根据宋家所藏唐诗，选编了《唐百家诗选》。刘恕到了宋家后，宋敏求每天都准备酒食待以客礼。刘恕说自己不是做客人的，这样太耽误时间了，总是拒绝，闭门苦读，据说是"尽其书而去，目为之翳"，把宋家藏书中自己想看的部分都读完了才离去，读得太辛苦，视力大损。

刘恕"博学强识，能通三坟五典、春秋战国历代史记，下至五代分裂，皆能言其治乱得失，纪其岁月，辨其氏族而正其同异，上下数千岁，如指诸左右"。司马光认为刘恕是当时"专精史学"的第一人，开书局选助手，首先想到的就是刘恕，刘恕时年 35 岁。

刘恕刚介廉直，不能容人之过。他曾自述自己的缺点有"二十失""十八蔽"，最核心的就是过于刚直又心无城府。他与王安石是好友，但王安石执政后，因政见不合，常直言其过，成为新法的反对派。熙宁九年（1076），刘恕从所任职的南康军（今江西星子县）赴洛阳与司马光讨论编修事宜，归来后不幸中风。同年母亲卒，两年后刘恕病卒，终年 47 岁。逝后 7 年，《通鉴》书成。

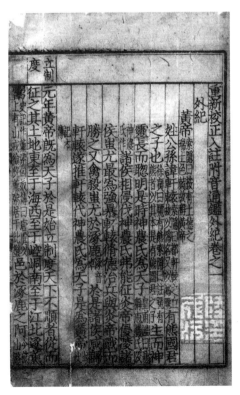

图 16　（宋）刘恕《重新校正入注附音通鉴外纪》　明初刻本　河南省图书馆藏

刘恕著有《资治通鉴外纪》10 卷，《目录》5 卷，《十国纪年》42 卷，《年略谱》一卷，《疑年谱》一卷。

刘恕的长子刘羲仲，字壮舆，自号漫浪翁，居处曰漫浪阁，著有《通鉴问疑》。

刘攽（1023—1089），字贡父，号公非，临江军新喻（今江西新余市）人。

新喻墨庄刘氏为北宋著名文学家族之一。刘攽祖父刘式（948—997）在南唐后主李煜时期曾读书于著名的庐山国学，以精通《春秋》举明经第一。入宋后又以精于吏治、长于理财著称。刘式认为士人之书犹如农夫之田，田可以称为庄，那么藏书也就可以称庄，因此他把其家藏古旧书籍千余卷称为"墨庄"。刘式去世后，诸子皆幼，有人劝其妻陈氏多置田产为长久之计，陈氏说："丈夫官贫，藏书数千卷遗后，此墨庄也，安事陇亩？"自以其书教子，诸子习学有怠，则为之不食。除长子早卒外，余四子相继登科。刘攽父亲刘立之是刘式第三子，真宗大中祥符元年（1008）进士。刘攽与其兄刘敞（1019—1068）于仁宗庆历六年（1046）同榜进士及第，时年 24 岁。

刘攽仕途不算顺利，中第之后 20 余年一直是在地方做小官，直到嘉祐八年（1063）进京任国子监直讲。治平三年（1066），以司马光荐入书局同修《通鉴》，时年 44 岁。

刘攽是个不错的诗人，风格上是欧阳修的同道，钱钟书《宋诗选注》选了他的 4 首诗。所著的《中山诗话》（宋人多称《刘贡父诗话》），与欧阳修《六一诗话》、司马光《温公续诗话》齐名，是最早的北宋诗话。

刘攽以博学著称，尤深史学，苏辙说他"习知汉魏晋唐之故"，与其

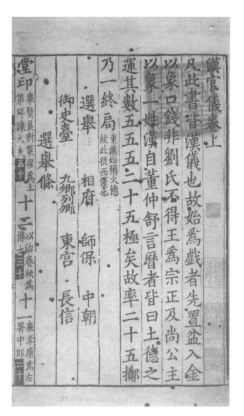

图 17 （宋）刘攽《汉官仪》 宋绍兴九年（1139）临安府刻本 国家图书馆藏

兄刘敞、兄子刘奉世曾合著《汉书标注》6 卷，时称"三刘《汉书》之学"。史称墨庄刘氏之名，至"三刘"而后显。刘攽自著有《东汉刊误》4 卷，治平三年奏上。其他著作还有《五代春秋》15 卷，《经史新义》7 卷，《诗话》2 卷，《汉官仪》3 卷，《芍药谱》3 卷，《文集》40 卷，等等。

范祖禹（1041—1098），字淳甫，一字梦得，成都华阳（今四川华阳）人。

范祖禹年十三父母双亡，叔祖范镇（1008—1089）抚育如己子。范镇幼孤，二兄长抚养，宝元元年（1038）进士及第，年三十一。熙宁三年（1070）

十月，因反对新法，罢职致仕。

范祖禹在仁宗嘉祐八年（1063）进士及第，授试校书郎，知资州龙水县（今四川资中县西北）。熙宁三年六月，以司马光荐，入书局同编修《通鉴》，是年30岁。六年三月贬官后赴洛阳，助司马光修书。元祐时期官至翰林学士，党争起，连贬永州、贺州等地，元符元年（1098）贬化州，十月卒，年58。

范祖禹之唐史学，应该是与范镇之教诲有关。庆历五年（1045），范镇为编修《唐书》官，参与修撰《新唐书》17年，"用功最多"①。

司马、范氏两家交谊深厚。范镇与司马光是同年进士，也是至交。司马光曾说："吾与景仁兄弟耳，但姓不同耳。"苏轼称两人志同道合："其言若出一人，相先后如左右手。"镇平生与司马光相得甚欢，议论如出一口，且约定生则互为传记，死则作墓志铭。司马光作《范镇传》，服其勇决。范祖禹的仕宦，离不开范镇与司马光的提携。元祐元年（1086），司马光病卒，范祖禹在《祭司马君实文》中说："某自为布衣，辱公之知，教诲成就，义兼父师。"元祐五年（1090）九月，司马康卒，其子司马植13岁，范祖禹连上《乞优恤司马康家札子》《乞照管司马康家并留使臣札子》两疏请求朝廷优恤照管司马康家。范祖禹的儿子范冲"好义乐善，司马光家属皆依冲所，冲抚育之"。范冲还为司马光编类《涑水记闻》10卷奏进。

范祖禹在元祐时期长期居经筵、修史之职，长于劝讲，平生论谏不下十万言，其开陈治道，区别邪正，辨释事宜，平易明白，洞见底蕴，苏轼称为"讲官第一"②。

---

① （宋）欧阳修著，李逸安点校：《欧阳文全集》卷91《辞转礼部侍郎札子》，中华书局，2001年，第1342页。

② 《宋史》卷337《范祖禹传》。

范祖禹著有《范太史集》55 卷、《唐鉴》12 卷、《帝学》8 卷、《仁皇政典》6 卷、《古文孝经说》1 卷、《范氏家祭礼》1 卷。《唐鉴》深明唐三百年之治乱,学者尊之,称范祖禹为"唐鉴公"。《唐鉴》与《帝学》在南宋时期都曾进入经筵,成为君主的学习内容。

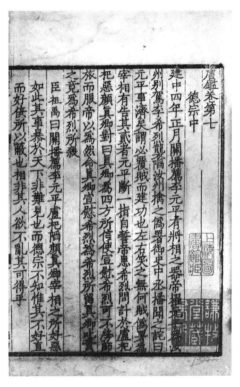

图 18 （宋）范祖禹《唐鉴》 宋刻本 上海图书馆藏

（二）

治平三年（1066）至熙宁三年（1070）间,刘恕、刘攽与范祖禹 3 人先后入局,"同编修"《通鉴》。他们的主要职责是分工帮助司马光搜集、整理西汉至五代时期的相关史料,修撰各个断代的资料长编。在进行此项工作的同时,这 3 人还先后参与了校勘《魏书》的工作。北齐魏收所撰的《魏书》在宋初即已残缺 30 卷，嘉祐六年（1061）仁宗曾命馆阁官校勘《魏书》等南北朝七朝正史。《魏书》校勘在神宗熙宁初完成，其《目录》序中署名，刘攽、刘恕、范祖禹皆在其中，时间大致当在治平四年至熙宁三年。他们对《魏书》作了细致的校勘，查出本书残缺为后人所补各卷，并比对了《修文殿御览》《北史》和唐人各种史钞、史目，将补缺各卷的来源"各疏于逐卷之末"，目录中也注明哪一些卷"阙"或"不全"。二刘与范皆长于史学，故此书考证较它史为精审。三人中，刘恕"于魏晋以后事，尤能精详"，在校勘《魏书》时可能贡献尤多。

《通鉴》各代长编的分工据说是"各因所长"。刘恕是汉史专家，范祖禹专攻唐史。因此一般认为长编的分工是：刘攽承担两汉部分，刘恕承担魏晋南北朝部分，范祖禹承担唐五代部分。不过在司马光给范祖禹的一封信中，提到了范祖禹在读唐史资料时，遇到唐以前的资料给刘攽，唐以后的资料给刘恕，让他们各自修到长编中。这样就出现了另一种分修说：汉至隋归刘攽，五代归刘恕，唐归范祖禹。其他说法也有，以这两种最主要。

司马光选人、用人，当然是用其所长，这也是大家都能认同的。刘攽所长在两汉史，在书局"专职汉史"。范祖禹在司马光身边最久，一直协助司马光修成《通鉴》，则《通鉴》最后的五代纪部分，似乎与范祖禹脱不了干系。若证之以范祖禹自己的话，则不然。范祖禹在《通鉴》修成的次年，元祐元年（1086）二月奏进《唐鉴》12 卷，在《进唐鉴表》中，他说自己在书局"典司载籍，实董有唐"。在《唐鉴序》里，他也说自己"分职唐史"。所以范祖禹所长在唐史，在书局所负责的也只是唐史的长编。

刘恕则并不是一个断代史家，而是一个通才。刘恕曾谈到时人读史，一般只重《史记》《汉书》《后汉书》和《旧唐书》，"自三国至隋，下逮五代，懵然莫识"①。刘恕决非危言耸听，司马光在谈到自己年轻时读史的情况时也说："自宋迄隋，正史或南北史，或未尝得见，或读之不熟。"司马光尚且如此，何况他人了。这两个时期的历史，刘恕是精通的。范祖禹说刘恕"于魏晋以后事，尤能精详，考证前史差缪，司马公悉委而取决焉"。司马光也说："至于十国五代之际，群雄竞逐，九土分裂，传记讹谬，简编缺落，岁月交互，事迹差舛，非恕精博，他人莫能整治。"这两人的说法，可与刘恕自己的话相印证，可知刘恕对于史事繁杂的魏晋南北朝和五代十国两个时期确是极为精博，与刘攽、范祖禹各专一代不同。《通鉴考异》中的五代部分中，保留了大量的"刘恕曰""刘恕《广本》""十国纪年"等等，是刘恕修五代长编的直接证据。在刘羲仲《通鉴问疑》所载司马光与刘恕的通信中，也有司马光讨论刘恕所修南北朝长编的明确记载。同时，司马光自言在修《通鉴》时，"史事纷错难治者"就交给刘恕，他说："恕博闻强记，尤精史学，举世少及。臣修上件书，其讨论编次，多出于恕。"根据《通鉴问疑》，他们所讨论的内容除了具体史事外，还有全书的体例、年代等等问题。

刘恕最为博学，负责了魏晋南北朝与五代十国这两大段分裂时期的长编编纂工作。在刘攽编修两汉长编的时候，刘恕在编修魏晋南北朝长编，当熙宁三年范祖禹入局的时候，司马光给他的工作是唐史长编，刘恕可能是在这个时候开始转而编纂五代十国史的长编，手中还剩下的一点工作，极有可能是隋史长编，便交给了还留在开封没有赴外任职的刘攽。熙宁四年夏以后刘攽赴任，"在局五年"后，正式出局。《隋纪》长编的工作应该也已完成了。刘恕在熙宁四年以后的主要工作是五代十国史的长编。

---

① （宋）刘恕：《书资治通鉴外纪后》。

刘恕承担了长编编纂中最为复杂繁难的两个部分，又与司马光共同讨论、商定全书体例中的重要、疑难问题，的确是全局副手。助手中，相从最久为范祖禹，用力最多为刘恕。

**二、熙丰时期的政争与修书**

书局成立次年，神宗即位，王安石大用，熙丰新法开始。《通鉴》的编修也与激烈的变法与反变法的斗争交织在一起。

司马光和他的修书班子是史学同好，但和而不同，对于历史意见常有分歧；他们是政治上的同道，都反对王安石主导的新法。他们还有一个共同点，就是他们都曾与王安石有着很好的交情，后来又都因反对新法而与王安石反目。

《通鉴》编修，是每完成一代纪后就进呈。一开始速度较快，两汉部分只用了一年时间，熙宁元年底，《汉纪》60卷分两次进呈毕。此后就慢下来了，直到司马光离开开封，两年多的时间，只进呈了《魏纪》10卷。修书速度放缓原因有二：一是汉史以后大分裂时期历史的复杂性；二是政治斗争的激烈性。

熙宁三年（1070），是政治冲突最激烈的一年，也是《通鉴》班子最艰难的一年。刘攽因反对王安石变法，出京为泰州（今江苏泰州市）通判，司马光补选范祖禹为助手。范祖禹入局后仅三个月，司马光出知永兴军（今陕西西安），刘恕也提出外任的申请。四年（1071），刘攽、刘恕赴职。刘攽从此脱离书局，此后又连知数州，至元丰六年（1083）因不能奉行新法，贬黜监衡州（今湖南衡阳）盐仓。刘恕回到江西故乡做监南康军（今江西星子县）酒税，"遥隶书局"，局外修《通鉴》。司马光也在熙宁四年四月改西京（今河南洛阳）留司御史台，开始其洛阳修书的阶段，从此"六任冗官，皆以书局自随"。

熙宁四年时的《通鉴》纂修兵分三路：司马光在洛阳，范祖禹在开封，刘恕在南康军，期间修书事宜都是通过书信商议。大约在熙宁五年，范祖禹自以与新法不合，不愿在京师忍耻窃禄，欲上疏提出废罢书局，自己到洛阳去助司马光修书。上奏之前，他先写信告知司马光，司马光得信大惊，他函告范祖禹，如果朝廷废罢书局，又不允许范祖禹来洛阳，那自己修书"必终身不能就"，而范祖禹留在京师，修书之余还可以照顾范镇，公私俱便①。祖禹得信而止。熙宁六年三月，范祖禹因为作为考官没有发现考生试卷犯仁宗旧讳，"降远小差遣"。经过司马光以书局的名义奏请，范祖禹得以赴洛阳修书，从此"从公在洛十有三年"，成为司马光在书局最久的助手。

熙宁九年（1076），刘恕赴洛与司马光议修史事，三人有了难得的一次聚会。数月后，刘恕辞归，临行前他对司马光说"恐不复再见"，此行竟成永别。归后的刘恕先遭母丧，继以偏瘫，伏枕两年，痛苦备尝，呻吟之隙，修书不辍。元丰元年（1078）司马康入书局担任"检阅文字"的工作，正式成为编修集体中的一员，是年29岁。同年刘恕病卒。刘恕贡献最多，又是与修诸人中最早去世者。刘恕临终前已完成《十国纪年》，则五代长编应该也已完成。在此年之前，司马光进呈了《通鉴》的《晋纪》40卷、南北朝部分共106卷。从元丰元年起7年时间，都是在编修唐五代部分。

司马光自熙宁四年赴洛阳，共居洛15年，基本不问世事，"自放于丰草长林之间"，似乎有终老之意。他名自己所居曰"独乐园"，曾写诗道：

---

① 司马光《与范梦得论修书帖》之二，收入陆唐老《陆状元增节音注精议资治通鉴》卷1《修书》，汲古阁本，第29页。

"独乐园中客,朝朝常闭门。端居无一事,今日又黄昏。"也是在洛时期,司马光"自伤不得与众同",开始自号"迂叟",有诗云:"我以著书为职业,为君偷暇上高楼。堪笑迂儒竹斋里,眼昏逼纸看蝇头。"正是独乐园里著书人一心修书的写照。他还曾做过《放鹦鹉二首》,其中有"虽知主恩厚,何日肯重来"之句,好像再也无意于政治,一心做他的名山事业了。然而实际上司马光从来也无法忘怀世事。只不过是换了战场,以笔为剑,在写史、立传、做碑铭中表达自己对当政者的愤慨,抒发自己的政治态度和主张。元丰五年(1082),宋神宗一度准备重新起用司马光,由于新党的反对而失败。就在同一年,司马光的妻子张氏去世,司马光也是大病一场。独乐园中的迂叟越发孤独,身体也越来越差,"桃李都无日,梧桐半死身。那堪衰病意,更作独游人"。秋天到了,司马光忽感语言艰涩,怀疑自己中风,将不久于人世。于是司马光预作《遗表》,从容安排了后事。最后司马光还是安然度过一劫,并在两年多以后完成《通鉴》。

图 19　宋人画《司马光独乐园图》(局部)　台北"故宫博物院"藏

元丰七年（1084）十一月，在洛阳修书15年后，《通鉴》五代部分修完，十二月连同《通鉴目录》《考异》各30卷共354卷一起进呈。在《进书表》中，司马光说自己"骸骨癯瘁，目视昏近，齿牙无几，神识衰耗，目前所为，旋踵遗忘，臣之精力，尽于此书"。奏上，神宗皇帝很高兴，对辅臣说："前代未尝有此书，远超过荀悦的《汉纪》。"下诏嘉奖，赐银帛衣带鞍马。此时刘攽贬、刘恕卒，只有司马光和范祖禹得到表彰。

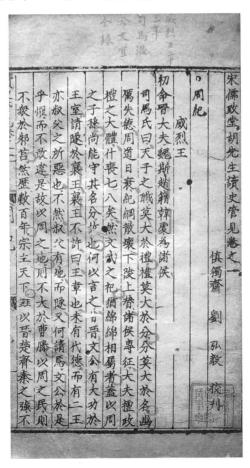

图20　（宋）胡寅《宋儒致堂胡先生读史管见》　明正德刘弘毅慎独斋刻本
吉林大学图书馆藏

自书局之设，《通鉴》纂修用时 19 年。据说司马光自己说过："书十九年方成，中间受了人多少语言陵藉。"[①]南宋时学者胡寅读《通鉴》的五代部分时，发现了系年上的一些错误。为什么会出现这种不应该有的小误呢？胡寅提供了一个解释：因为司马光反对新法，当权派中有人想中伤他又找不到司马光的缺点，就在《通鉴》上做文章，攻击司马光修《通鉴》旷日持久，是因为书局贪图国家所赐的笔墨、绢帛、金钱等等。后来派宦官调查，发现司马光根本未曾请过这些赏赐。司马光受此刺激，因此严明课程，督促修书，导致《通鉴》的唐五代部分为了赶进度，材料采择不严，内容稍微繁琐，也出现了日月差池这种小错误[②]。这些记载表明《通鉴》的编修从二刘之贬，直到最后的完成，都深受新旧党争的影响。不过这些说法也有不可尽信的地方，比如司马光请设书局修书，就是因为单凭私人之力无法完成，需要利用国家的经济与人力支持，而非如胡寅所说："虽有此旨，而未尝请也。"

---

① （宋）洪迈撰，孔凡礼点校：《容斋随笔》卷 4 "张浮休书"，中华书局，2005 年，第 45—46 页。

② （宋）胡寅著，刘依平校点：《读史管见》卷 28《后唐纪》唐庄宗同光三年，岳麓书社，2011 年，第 1019 页。

# 第三章　《资治通鉴》的内容

　　《资治通鉴》（以下简称《通鉴》）的内容主要包括正文的叙事与以"臣光曰"为主的议论。

　　《通鉴》是一部贯穿1300多年历史的编年体通史，内容上包罗宏富。宋人陈瓘就说"通鉴如药山，随取随得"[1]。胡三省也说过："温公作《通鉴》，不特纪治乱之迹而已。至于礼乐、历数、天文、地理，尤致其详。读《通鉴》者，如饮河之鼠，各充其量而已。"[2]"药山"与"饮河之鼠"的比喻，都可见《通鉴》内容之博。不过这个"博"是有其限度的。《通鉴》内容的主体部分来自于历代正史，司马光编《通鉴》的动因之一就是嫌正史内容太多、太乱，因为多，所以《通鉴》要删削之；因为乱，所以司马光要整齐之。《通鉴》要容纳此前1600卷正史的主干内容，还有无可估量的其他附注资料，必然面临大量的删削工作。宋神宗在《资治通鉴序》中的评语最恰当："博而得其要，简而周于事。"如果博而寡要，简而无法，内容就不免芜杂了。

　　《通鉴》以294卷篇幅整理1362年间史事，总体上看是略古详今：战国秦汉共622年，《通鉴》中编为68卷，占总数的23%；魏晋南北朝共369年，《通鉴》中编为108卷，占37%，隋唐五代371年，《通鉴》

---

　　① （宋）吕祖谦《丽泽论说集录》卷八，《吕祖谦全集》第2册，浙江古籍出版社，第218页。

　　② 《资治通鉴》卷220《唐纪》开元十二年（724）胡注。

中编为 118 卷，占 40%。更重要的是内容上有明显的偏重。清朝张之洞说："若欲通知历朝大势，莫如《资治通鉴》及《续通鉴》。"此"大势"，是指政治大势。《资治通鉴》赖以通贯古今的线索就是政治史。

# 第一节  《资治通鉴》的主旨与内容

著史不能无宗旨，何者修入《资治通鉴》（以下简称《通鉴》），须有一取舍标准。司马光的著史宗旨决定了《通鉴》在内容取材上的繁与简、"书"与"不书"。

司马光的著史宗旨见于其《进通鉴表》："删削冗长，举撮机要，专取关国家盛衰，系生民休戚，善可为法，恶可为戒者，为编年一书。"神宗《资治通鉴序》也早有精辟的理解："其所载明君、良臣，切摩治道，议论之精语，德刑之善制，天人相与之际，休咎庶证之原，威福盛衰之本，规模利害之效，良将之方略，循吏之条教，断之以邪正，要之于治忽，辞令渊厚之体，箴谏深切之义，良谓备焉。"

我国旧史多属于政治史，而《通鉴》"尤为空前杰作"[1]，正是基于"资治"的想法，司马光著史的重点是君臣、政治史、战争等。全书内容取材重点，是以与"治道"关系更密切的政事、军事、人事。

《通鉴》记明君、良臣、良将、循吏，记他们的政治措施、嘉言懿行，但也据实直书他们的过错。《通鉴》卷 43 中，他既表彰光武帝刘秀能够"恢复前烈，身致太平"，也直书他逼死好直言的大司徒韩歆，为"仁明之累"。

---

① 陈寅恪：《唐代政治史述论稿》自序，上海古籍出版社，1997 年，第 1 页。

《通鉴》记暴君、乱臣、军阀、贪吏，记他们的暴虐腐败，荒唐愚昧，伤天害理，残民以逞；更详记官逼民反的"大盗""贼""寇"的斗争。

司马光本人不太喜欢变，说过"祖宗之法不可变"的话；他也反对战争，不论是对内战争还是对外战争。不过历史上总是治日少，乱日多，兴盛慢，衰亡急，战争与变乱也就成为以政治大势演变为线索的《通鉴》的主要内容。这一点非常真切地反映在南宋袁枢《通鉴纪事本末》对《通鉴》大事的梳理上。袁枢《通鉴纪事本末》按照事件归类资料，所记的主要内容，"曰诸侯，曰大盗，曰女主，曰外戚，曰宦官，曰权臣，曰夷狄，曰藩镇"①，所立305题，自"三家分晋"始，至"世宗征淮南"止，题目中含有"伐""平""讨""灭""亡""据""寇""叛""乱""篡"等杀伐类用语的就超过半数，正是兴亡以兵的写照。经济方面只有两题："奸臣聚敛""两税之弊"，学术文化则付诸阙如。袁枢的概括当然会有遗漏，但大致反映了《通鉴》在内容上的选择：重视政治、军事，轻视经济，忽视文化。

《通鉴》用很多篇幅写农民起义，如陈胜、吴广起义，黄巾起义、黄巢起义等，尽管常常是以"乱""盗"之类称之，但在对事件前因后果的据实叙述以及一些看起来微不足道的细节描述中，上位者的恶政、普通人的不幸以及谁该为变乱负责也得到展现。

顾炎武说《通鉴》"所载兵法甚详，凡亡国之臣，盗贼之佐，苟有一策，亦具录之"②。战争中的巧谋善策与日常政治中的谏议是相通的，宋神宗

---

① （宋）杨万里著，辛更儒笺校：《杨万里集笺校》卷78《袁机仲通鉴本末序》，中华书局，2007年，第3204页。

② （清）顾炎武：《日知录集释》卷26《史记通鉴兵事》，岳麓书社，1994年，第891页。

图 21 （宋）袁枢《通鉴纪事本末》 宋宝祐五年（1257）刻 元明递修本
吉林省图书馆藏

序中也提到过"箴谏深切之义"。司马光希望皇帝能够"时赐省览，监前世之兴衰，考当今之得失，嘉善矜恶，取是舍非"。以史为镜，可以知兴替；以人为镜，可以明得失。谏臣出身的司马光在《通鉴》中对于君臣的进谏与纳谏给予了格外的关注，因而《通鉴》在引用古人之言的时候以历代谏章最多，如《通鉴》卷 13 至卷 15 的"汉文帝纪"中，谏疏字数一半以上。《通鉴》"唐纪"81 卷引用奏议类文字达 280 处左右，其中引用最多的作者是德宗时期的陆贽，共 39 处，基本囊括陆贽《翰苑集》主要内容。

《通鉴》重政治与军事，但如果说《通鉴》"只有政治部分和军事部分，而没有政治制度和经济、文化部分"，未免太过。《通鉴》所载经济

图 22　（唐）陆贽《唐陆宣公集》　元刻本　南京图书馆藏

内容只是相对较少且材料分散而已，毕竟重大的经济制度、政策显然是与"生民之休戚"息息相关的。《通鉴》对土地、赋税、钱币等经济问题，对关系国计民生的大事，重要的经济措施，一般不会遗漏，如三国曹操行屯田制、北魏均田制、唐代租庸调制和两税法、刘晏理财等都有记载。

　　《通鉴》所载以历代君臣事迹为主，也记小人物的言行，比如刺客、伶官、妇女等。《史记·刺客列传》载刺客五人，其中战国时期豫让、聂政、荆轲等三人事迹皆见于《通鉴》。伶人如后唐庄宗敬新磨，载其二事（《通鉴》卷 273）。但《通鉴》记此类小人物，其着眼点全在于政治。或者是由于事情本身重要不得不书，比如荆轲刺秦王；或是别有寄托，比如借豫让能为智伯报仇，宣扬忠的思想；或是虽然身份卑微，取其言得讽谏之道，能言人所不能言，如唐五代的几个伶人事迹。正如胡三省所说："至于黄幡绰、石野猪俳谐之语，犹书与局官，欲存之以示警，此其微意，后人不能尽知也。"①唐德宗时还有一个名不见经传的小人物优人成辅端也得以列名《通鉴》，是因为他做歌谣讽刺朝廷命官，竟被以"诽谤朝政"的罪名杖杀（《通鉴》卷 236）。温公书此，以见德宗秕政，正是所谓"恶可为戒者"。

## 第二节　《资治通鉴》的"不书"与"失载"

司马光自言《资治通鉴》取材内容是"止叙国家之兴衰，著生民之休戚"，毕竟还只是个大原则，具体如何处理并无一定之规。但司马光对于所不取的内容却是有一个具体的标准，即他在给范祖禹的一封信里提到的"四存四删"的原则。司马光在书信里首先列举了四类可以"直删"的资料："诗赋等如止为文章，诏诰等若止为除官，及妖异止于怪诞，诙谐止于取笑之类，便请直删不妨。"②然后他又逐一解释了四类中例外可书的情况：诗赋有所讥讽，诏诰有所戒谕，妖异有所儆戒，诙谐有所补益，则可存。

"四删"中诙谐一类本来也不是主流内容。如果是单纯的谐谑取笑，就直删，如果能够"有所补益"就保存。何谓"有所补益"？司马光举了"黄幡绰谓自己儿最可怜""石野猪谓诸相非相"两个例子，都是伶人事迹。

---

① 黄幡绰、石野猪俳谐之语：语见司马光《答范梦得书》。黄幡绰，唐玄宗时乐官。石野猪，唐僖宗李儇时伶人，二人皆能借俳语有所讽谏。今本《通鉴》中，无黄幡绰事，或是司马光在删削长编时删掉，但五代取敬新磨二事。

② 《司马光集》补遗卷 9《答范梦得书》，第 1741—1744 页。

黄幡绰为唐玄宗所宠，据说当时肃宗为太子，杨贵妃以安禄山为儿，肃宗甚危。一次玄宗问什么样的孩子让人怜，黄幡绰对以"自家儿得人怜"，玄宗听后若有所思，低头想了很久[①]。此事不见于今本《通鉴》。石野猪诸相非相事亦不见于今本《通鉴》，但《通鉴》记载了石野猪另一事。唐僖宗善击球，曾经对石野猪说如果科举考试有击球进士，那么他可以中状元。石野猪回答说：如果是尧舜做考官，陛下肯定就被黜落了[②]。黄幡绰、石野猪的回答其实都相当于是讽谏，对于时政有所补益，所以司马光说这样的诙谐事例是可存的。

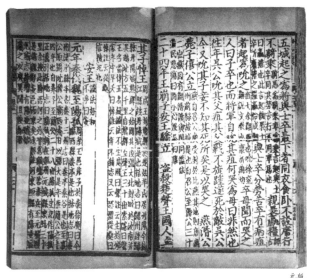

图23　司马光《资治通鉴》　元刻明弘治正德嘉靖递修本　首都图书馆藏

"四删"中的前两类都与"文人""文学""文化"有关，可以"《通鉴》不载文人"概括之，"妖异"类亦包含更细分类，都涉及较多的史料，

---

① （唐）段成式撰，许逸民校笺：《酉阳杂俎校笺》前集卷12"语资"，中华书局，2015年，第918页。

② 《资治通鉴》卷253，唐僖宗广明元年（880）二月，中华书局，1956年，第8221页。

这两类"不书"争议不少，或认为《通鉴》该书而不书，是失载、遗漏，是《通鉴》的缺点；或以为不该书而书，《通鉴》删之未尽，也是《通鉴》的缺点。

### 一、不载文人

诗赋等如止为文章，诏诰等若止为除官，直删。诗赋有所讥讽，诏诰有所戒谕，可存。

诗赋、诏诰，都是广义上的"文"，前者近于纯文学，后者是"王言"，是应用文。这两类能够为《通鉴》所采用，须是"有所讥讽"或"有所诫谕"，简单地说就是于治道有用。《通鉴》关于诗赋、诏诰的删存原则，也差不多适用于其他的诸种文体。这个原则几乎是否定了纯文学的价值，使文人与文学在《通鉴》中几无立足之地。比如项羽《垓下歌》，刘邦《大风歌》，皆是名篇，司马迁、班固皆书于《史记》《汉书》，《通鉴》均不采。《通鉴》卷92载陈安之死，陇上人思之，作《壮士之歌》；卷159载高欢使斛律金作《敕勒歌》，自和之，哀感流涕，其人其事均动人，而歌均不载。《通鉴》也载不少诗歌名句。如卷236载杜甫"出师未捷身先死"；卷249载李远"长日唯消一局棋"；卷276载聂夷中"二月卖新丝"；卷280载戎昱《昭君诗》"安危托妇人"句，皆是因事而发，目中无人。《通鉴》中宗教、艺术类内容本来就少，文人、文学相关的就更少了。

《通鉴》所录之"文人"及其创作，可以汉唐为例。汉初两大才子，贾谊，取其《陈政事疏》；司马相如，收其《谏猎书》（《通鉴》卷17）；汉末大学者刘向，《通鉴》载其文5篇，都是关于政事的奏疏一类（《通鉴》卷28—32）。陈子昂是初唐大诗人，《通鉴》所采的是奏疏5篇（《通鉴》卷203—205）；韩愈、柳宗元是中唐文坛领袖，韩愈载其《谏迎佛骨表》，节录《送文畅师序》《论淮西事宜状》（《通鉴》卷 239—240），前两者辟佛，后者论兵；柳宗元节录其文学作品两篇：《梓人传》《种树郭橐驼传》，分别是发挥宰相治国之道与为官之理，"温公取之，以其有资于治道也"（《通鉴》卷 239）。晚唐大诗人杜牧有文章 5 篇节入《通鉴》，全是论兵之文（《通鉴》卷 244）。就文体而言，诗、赋、章、表、奏、议、序、箴、书信等等很多文体都有选文，但都是"有用"之文。

《通鉴》在文化方面取材之偏，招致批评最多的是在古代文学史上地位最高的四大诗人：屈原、陶渊明、李白、杜甫，在《通鉴》中均无记载[①]，其中又尤以屈原之失载令人不解。

刘恕的儿子刘羲仲著有《通鉴问疑》，所问第一事就是《通鉴》为什么不载屈原。屈原"以忠废至沈汨罗以死"，所著《离骚》"可与日月争光"，《通鉴》全都删削不载，《考异》中也没有任何解释。故刘羲仲批评说"《春秋》褒毫发之善，《通鉴》掩日月之光"。

顾炎武在解释"通鉴不载文人"的问题时，有一个很直截了当的回答："此书本以资治，何暇录及文人。"但屈原的情况比较特殊。司马光不载屈原，不是不重视屈原。他年轻时写过一组《五哀诗》，所咏 5 人"皆负不世之才，竭忠于上，然卒困于谗不能自脱，流亡不得其所而死，或者国随以丘墟"。其中咏的第一人就是屈原，他说屈原"忠魂失旧乡"，他的作品《楚辞》"犹与日争光"。司马光在诗歌里赞了《楚辞》与日争光，也哀叹屈原之忠而被谗。按照司马光的四删原则，《通鉴》不载《楚辞》是可以理解的，但屈原之忠而被谗也不书是不太好理解的，《五哀诗》中其他 4 人皆书于

---

① 唐顺宗时册封太子，王叔文吟杜甫《题诸葛亮祠堂》诗一联，杜甫之名得以一见于《通鉴》（《通鉴》卷 236，第 7614 页）。按照《通鉴》体例，有新出人名，通常会注云某处人等的。杜甫则没有，挂名《通鉴》纯出偶然。

《通鉴》，而屈原不着一字。大概合理的解释就是他在编修《通鉴》的时候，对屈原事迹的真实性产生怀疑了。

至于陶渊明、李白、杜甫，《通鉴》不载，完全是因为他们基本上是纯粹的诗人，对政治没有影响。以陶渊明为例，司马光本人是很喜欢陶渊明的，在他的诗歌里曾 5 次提及陶潜。在洛阳修书的时候，他在自己的独乐园里高呼"吾爱陶渊明"。司马光还做过 13 首《柳枝词》，在其中一首里，他已经是自比五柳先生了。

唐代的史学理论家刘知幾早就不满于浮华的文风，提出历史作品要载文的话，须"拨浮华，采贞实"。司马光算是实践了刘知幾的主张。司马光的文学观里，近世之诗大都是"华而不实，无益于用"。司马光喜欢的是能够载道之文，能够在《通鉴》中幸存的诗赋等文学作品，不是以其文学性，而是以其政治性，都是与政治有关系的，是实用的。政事与文学兼具的士大夫在《通鉴》中笔墨多少不取决于其文艺，而是着眼于政治地位及其影响。同样道理，纯粹的隐士、文人，经历无关政治，也就没有机会见于《通鉴》了。

## 二、不书妖异

司马光对范祖禹说，做《长编》时，妖异止于怪诞，直删。我们可以把这个原则理解为《通鉴》不书怪诞，但不能说不书妖异。"妖异有所儆戒"，也就是"有用"，则可以保留，"无用"的就可以直接删了。他对编魏晋南北朝长编的刘恕也是这样说的："符瑞等皆无用可删。"[①] 那么什么是"妖异"，何种"妖异"是可书的呢？

司马光把"妖异"区分为四类：第一类是国家灾异。在正史的《本纪》

---

① 《司马光集》卷 62《与刘道原书》，第 1301 页。

里记载的，如日食之类，长编也予以保存。但是将时事政治与灾异现象强相比附者，如太白经天、客星犯帝座之类不书，即"不书事应"。

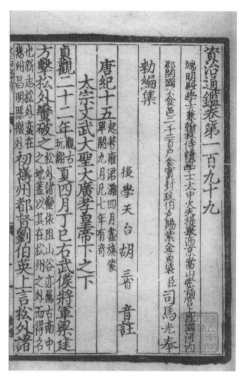

图 24　《资治通鉴》　元刻本　南开大学图书馆藏

第二类是谶记。谶记本不足信，但如果对实际政治产生影响了，那么就要保留。比如《新唐书》卷 204《李淳风传》记载了一件唐太宗得秘谶的事情。谶言"唐中弱，有女武代王"，唐太宗问李淳风，李淳风解释说："其兆既成，已在宫中。又四十年而王，王而夷唐子孙且尽。"这个人已在宫中了，40 年后将代李氏而王，并会将李氏子孙屠戮殆尽。此事本属无稽之谈，但后来唐太宗还是杀掉了"左武卫将军武连县公武安李君羡"，因为李君羡官称封邑中都有"武"字，小名又叫"五娘"，李世民认为是应了谶言，于是借故杀掉，籍没其家。这就属于司马光所说的因无根之谗言"而致杀戮"者。因而此事被范祖禹编入长编，司马光修入《通鉴》（卷199）。

第三类是相貌符瑞。史料中常有某人相貌异于常人的记载，此类《通鉴》一般不取，但有一些是"或因此为人所忌，或为人所附，或人主好之而谄者伪造，或实有而可信者，并存之"。比如史料中有不少关于隋文帝杨坚"相貌非常""奇伟"之类的记载。杨坚还是北周大臣的时候，齐王宇文宪跟武帝宇文邕说杨坚相貌非常："恐非人下，请早除之。"（《通鉴》卷172）果然引起武帝对杨坚的猜忌。这就是司马光所说的因为相貌而"因此为人所忌"的情况，这一类的记载《通鉴》予以保留，"其余不须也"。

第四类是妖、怪之类。如果只是荒诞无稽，无关时事，《通鉴》不取，如《宋书》载宋元嘉三十年（453）孝武帝建牙于军门，"是时多不习旧仪，有翁斑白，自称少从武帝征伐，颇习其事，因使指麾，事毕忽失所在"。此斑白老翁事甚奇怪，《通鉴》不书。胡三省解释说："《通鉴》不语怪，故不书。"（《通鉴》卷127）如果此类事能够有所"儆戒"，或"因而生事"，则保存。前者的例子，司马光举了一个"鬼书武三思门"事，后者则举了"杨慎矜墓流血"事。杨慎矜是隋炀帝杨广后裔，《新唐书》的《五行志》以及《杨慎矜传》中都记载天宝六年（747）杨慎矜父亲墓田中"草木皆流血"，于是杨慎矜采取一术士史敬中建议，退朝后裸身坐丛林中以厌之。唐玄宗素恶史敬忠"挟术"，杨慎矜政敌利用此事攻击他蓄谶纬妖言，与妄人交，谋复隋室。结果杨慎矜三兄弟皆赐死，籍没其家。这属于司马光所说的"因而生事"，故范祖禹长编录之，司马光又参取唐人笔记改写定稿（《通鉴》卷215）。

以上的原则，是司马光在教范祖禹如何做长编时提到的，有些他觉得可存的事例，即使范祖禹的《长编》保留了，在定稿时也依然可能删掉，比如鬼书武三思门事。

总之，灾异、图谶、符瑞、占卜、阴阳术数、鬼神迷信等等，本来都是虚妄，《通鉴》通常不书，所以历来常有《通鉴》"不语怪""不书符谶"等说法，这在原则上是不错的。《通鉴》书了此类记载，其原因往往是"有所儆戒"，即胡三省所说的"示警"；或者"因而生事"，对历史产生了实际的影响。当然，《通鉴》也偶有失于删削处，如《通鉴》卷7载刘邦斩蛇，有老妇哭云是赤帝子杀白帝子一事，等等。

### 三、不书奇节

与《通鉴》"不书怪"这一原则相关联的是"不书奇节"。此说源于宋人晁公武，他说自己非常喜欢《通鉴》，读了很多年，发现司马光在《通鉴》中"大抵不采俊伟卓异之事"，推断司马光"忠信有余，盖陋子长之爱奇也"。司马光自己也确实说过类似的话。

司马迁好奇，《史记》多载奇人异行，很多都不为《通鉴》所采。如《史记》载苏秦合纵成，"秦兵不敢窥函谷关十五年"。《通鉴考异》举史实证明此记载之误，认为是"游谈之士夸大苏秦"，故不取[①]。又如鲁仲连退秦军事。长平之战后，秦围赵国邯郸，魏将新垣衍劝赵尊秦为帝，齐人鲁仲连与之辩论，新垣衍拜服，表示不敢复言帝秦，"秦将闻之为却军五十里"。《通鉴》载鲁仲连辩论事，但不取秦退军五十里之说。《考异》分析说："仲连所言不过论帝秦之利害耳，使新垣衍惭怍而去则有之，秦将何预而退军五十里乎！此亦游谈者之夸大也。不取。"[②]更有名的是

---

① 《史记》卷69《苏秦列传》、《通鉴》卷2。
② 《史记》卷83《鲁仲连列传》、《通鉴》卷5。

汉初商山四皓事。司马迁在《史记·留侯世家》载张良为太子画策,请商
山四皓辅佐太子事。商山四皓是高祖不得臣的高人,却能甘愿辅佐太子,
刘邦因此觉得太子羽翼已成,于是放弃更换太子的想法。司马光在《通鉴》
里不取此事,只是记了四皓为太子客,为太子画策使高祖放弃让太子将兵
击黥布的计划。司马光认为如果四皓果真能使刘邦忌惮到不敢废太子,那
这个事情就严重了,就成了太子、张良与四皓结党以抗衡君父了,张良是

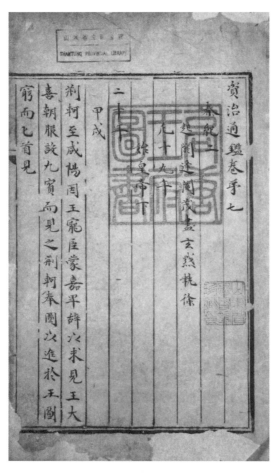

图 25　《资治通鉴》　明抄本　山东省图书馆藏

不会做这样的事的，这都是当时的辨士夸大之言①。

以上苏秦、鲁仲连、四皓三事皆甚奇，司马光认为"凡此之类，皆非事实。司马迁好奇，多爱而采之，今皆不取"。司马光认为司马迁好奇，故多书此类事情，而自己皆不取。《史记》之后诸史中诸多类似之事，如严光以足加光武之腹、姚崇以十事开说唐玄宗之类，司马光皆不取。这也就难怪后人认为《通鉴》不书奇节、不采俊伟卓异之事了。

根据《考异》中司马光的分析，司马光是不相信这些奇节异事，认为"皆非事实"，所以不采。像商山四皓事，连司马光最喜欢的扬雄都深信不疑，司马光却勇于怀疑，是司马光历史理性的表现，正可见司马光的史德与史识。

不过按照司马光的门生刘安世的解释，司马光之所以不书，不是都不信而是别有深意，"老先生作《通鉴》，欲示后世劝戒之意"②。这是值得注意的说法，因为奇节异行、过于卓异之事，是常人所难能，做不来却又想学，起不到"善可为法"的目的，所以即使属实，也不足书。

## 第三节 《资治通鉴》的议论

古代史书中的议论，《左传》有"君子曰"，《史记》有"太史公曰"，《汉书》有"赞"，《后汉书》有"论"，《资治通鉴》（以下简称《通鉴》）中司马光的议论是"臣光曰"。

---

① 《史记》卷26《留侯世家》、《通鉴》卷12。

② （明）陈鹤录正，孔凡礼点校《西塘集耆旧续闻》卷1《刘元城论史之阙文与诗之阙文》，中华书局，2002年，第294页。

　　司马光在《通鉴》中因事立论，遇到自己觉得重要的史事就会发表议论，表达自己的看法。《通鉴》所据以立论之事，一共有 206 件，共有议论 215 篇，其中 118 篇是由司马光本人撰写的"臣光曰"，其余则是选录孟子、荀子、贾谊、扬雄、班固、荀悦、范晔、欧阳修等前人的议论。《通鉴》史论通常是一事一论，有少数是一事两论。比如冯道之死，司马光先是引欧阳修《新五代史》对冯道的评论，论其无廉耻，续以"臣光曰"，论其为大奸。前贤史论共选 35 人 97 篇，其中选录最多的为班固，入选 15 篇。这些议论所涉内容广泛，反映了司马光对历史的看法、对现实的认识，是了解司马光的政治思想和历史观的最直接的材料。

　　《通鉴》开篇在仅记一事后，即接以"臣光曰"论周初命韩、魏、赵三家为诸侯，说明"礼"、"名"、纲常人伦在君主政治中的极端重要性，阐述为君之道。这也是司马光政治思想中的核心，是《通鉴》司马光史论的总纲。"臣光曰"反映司马光帝王中心论和"礼治"决定论的政治历史观，以及稳妥务实的政治主张。《通鉴》100 多条"臣光曰"，绝大多数论"人君之德""致治之道"，如帝王如何对待谏诤；以什么样的标准用人，是用人唯亲，还是用人唯贤；如何崇俭戒奢，轻徭薄赋，与民休息；如何重视风俗礼仪的教化，建设国富民安的承平社会；如何居安思危，防患于未然，对宦官外戚干政、"朋党"政治保持高度警惕；如何以礼治国，以礼治军，维护君君臣臣的政治秩序等等，其中不乏大胆的批评与合理的议论，也有不少偏激或迂缓之论。

　　温公《通鉴》之史论还有一个特点是与政论的结合。

　　胡三省论《通鉴》之内容与议论时说："温公之意，专取关国家盛衰，系生民休戚，善可为法，恶可为戒者以为是书。治平、熙宁间，公与诸人议国事相是非之日也。萧、曹画一之辩，不足以胜变法者之口，分司西京，不豫国论，专以书局为事。其忠愤感慨不能自已于言者，则智伯才德之论，樊英名实之说，唐太宗君臣之议乐，李德裕、牛僧孺争维州事之类是也。"按照胡三省的说法，才德之论，为新法诸人发；名实之说，则专为荆公发。王安石在变法之前，已经是独负天下大名30余年，等到推行新法，的确是被很多人看作是"名与实反，心与迹违"，王安石的追随者也通常被看作是多小人。然而，智伯才德之论，樊英名实之说，分别出自《周纪》《汉纪》，写作之时，王安石尚未得大用，变法尚未开始，此两论显然不是有意针对王安石和他的新党诸人。考察司马光在年轻时写的史论，在庆历时期的史论中就已经论及君子小人之辨、德胜才、反对用武、交邻以信等等。可以知道他的思想基本上是前后一致，非是有激而发。在司马光看来，熙丰时事，恰好是印证了他的一贯思想而已。

固有的思想、议论，以何种方式进入《通鉴》，与现实的刺激不无关系。唐文宗太和八年（834），文宗有感于牛李党争，叹曰："去河北贼易，去朝廷朋党难！"司马光为此议论道："君子小人之不相容，犹冰炭之不可同器而处也。"君子、小人互相排挤是必然的，关键在于君主要能够辨别君子小人，明主在上，赏功罚罪，不会产生朋党问题，如果朝廷有朋党，那就是君主出问题了，"人主当自咎"而不是归罪臣僚。他讥刺文宗"朝中之党且不能去，况河北贼乎！"司马光在王安石变法之前就写过一篇《朋党论》讨论过此事，提出"坏唐者，文宗之不明"的看法，《通鉴》中再议此事，专论君主与朋党的关系，特别增加了关于君子小人不相容的议论，正如胡三省所说是"为熙、丰发也"（《通鉴》卷245）。

司马光在边防问题上，一贯反对轻开衅端。唐文宗时，吐蕃维州副使

悉怛谋举城降唐，时任西川节度使的李德裕主张受降，然后深入西戎腹心，
洗雪以往屡败之耻；宰相牛僧孺不同意受降，认为失信于吐蕃，会招来大
祸。文宗采纳牛僧孺意见，下诏李德裕把维州城还给吐蕃，护送悉怛谋及
所偕众人回吐蕃。结果，悉怛谋等至边界时，被吐蕃全部杀害。12 年过
后，武宗会昌三年（843），李德裕任宰相，追论此事。司马光特意写了
一段"臣光曰"，认为"德裕所言者利也，僧孺所言者义也"（《通鉴》
卷 247）。

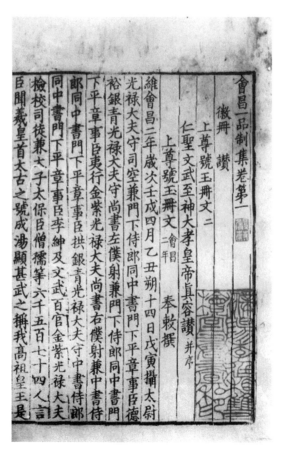

图 26　（唐）李德裕《会昌一品制集》　宋孝宗时刻本　上海图书馆藏

　　司马光的申牛诎李，是他的义利思想和对外思想的必然结果，也确是受到变法时期对外用兵的现实政治的刺激。《通鉴》关于唐代"牛（僧孺）、李（德裕）维州之辨"的议论，没有从历史的客观实际出发，而是根据现实政治需要来评断古人，违背了历史著述的基本原则。王夫之说："牛、李维州之辩，申牛以诎李者，始于司马温公。"指出古今异时，强弱异势，战守异宜，利害异趣，应该根据当时的实际情况来评判历史得失，"据一时之可否，定千秋之是非"，是立言之大忌，但司马光一旦陷入历史与现实的紧张关系中，就不免自我代入，把史论写成政论。

　　司马光通过"臣光曰"的形式立论，鲜明地表明自己的观点，这是比较显豁的，通过内容去取、文字增删等等来表明自己的态度，就比较隐晦了。正史中有些内容很重要，《通鉴》不能不取，但在删削过程中，司马光有时候会根据自己的好恶删节原文，朱熹就曾经说过："温公修书，凡与己意不合者，即节去之。不知他人之意不如此。《通鉴》此类多矣。"①比如《通鉴》记商鞅变法，取材于《史记》。《史记》记商鞅相秦，"行之十年，秦民大说，道不拾遗，山无盗贼，家给人足。民勇于公战，怯于私斗，乡邑大治。"《通鉴》改写为："行之十年，秦国道不拾遗，山无盗贼，民勇于公战，怯于私斗，乡邑大治。"删"秦民大悦""家给人足"八字。此两句八字，前者表明人民的主观态度，后者表明经济的发展，这很重要，其他的是讲客观的效果：道不拾遗，无盗贼，勇于公战，怯于私斗等等，都可以理解为严刑峻法的结果。司马光认为老百姓是不会对变法"大悦"的，变法也不会使百姓家给人足。司马光此处没有就商鞅变法本

---

　　① （宋）黎靖德编《朱子语类》卷134《历代一》，中华书局，1986年，第3204—3205页。

身作"臣光曰"①，但他对商鞅变法的议论已寓于叙事之中。

将自己的学问、思想与现实政治生活打成一片，一出于诚，不苟立论，是司马光史论的特色所在，然其短处也在其中，时或不免缺乏对古人古事的"了解之同情"而苛责古人唐突历史。

---

① 分见《史记》卷68《商君列传》、《通鉴》卷2。此段话后司马光有"臣光曰"，是论以商鞅的"刻薄"都能做到示民以信，意在寓劝诫，与变法内容及影响无关。

# 第四章 《资治通鉴》的编纂与叙事方法

## 第一节 纪年问题的处理

《资治通鉴》（以下简称《通鉴》）是编年体通史，记事是"以事系日，以日系月，以月系时（季节），以时系年"，所以首先要解决的是时间的准确性问题。

《通鉴》采用的是当时第一流天文历法专家刘羲叟（1015—1058）所编制的《长历》。刘羲叟字仲更，泽州晋城（今属山西）人。"于经史百家无不通晓""星历数术尤过人"，曾参预《新唐书》编修，撰《律历》《天文》《五行》三志。《长历》考证自汉初至五代末历法，为时人所重。北宋哲学家邵雍著《皇极经世书》也采用。司马光以《长历》考证古史所记，认为"最为得实"，故采用《长历》作为《通鉴》编年基础，来辨定旧有史籍记事的时间（朔闰、甲子）。

《通鉴》贯穿从战国到五代1300多年历史，中经很多朝代，所以还要以年（号）系君（主），以君系朝（代）。尤其是期间有多个分裂时期，如三国鼎立、南北朝、五代十国。这样在具体编纂的时候就不可避免地遇到两个问题：一是分裂时期，有多个朝代，用哪一个朝代的年号纪年；一是因为改年号，会出现一年之内多个年号的情况，如何来纪年。

列国分立或者南北对峙的分裂时期的纪年，《通鉴》的处理办法是只取一国、一帝（一种）年号，对同时存在的其他年号不予注出。在古代，史书年号的选用涉及以哪个王朝为中心、为正统的问题，宋代史家对此争论得很激烈。统一时代的纪年问题不大，但像三国、南北朝、五代分裂时期，以及王莽、武则天等所谓篡夺的时代，用谁的年号纪年就成为比较棘手的问题。

司马光并不认同正闰之论。在《通鉴》卷69《魏纪》文帝黄初二年（221）的"臣光曰"中，司马光对此做了说明："天下离析之际，不可无岁时日月以识事之先后，据汉传于魏，而晋受之；晋传于宋，以至于陈，而隋取之；唐传于梁，以至于周，而大宋承之，故不得不取魏、宋、齐、梁、陈、后唐、后晋、后汉、后周年号以纪诸国之事，非尊此而卑彼，有正闰之辨也。"司马光采取客观务实的态度，从本朝立场出发，梳理历代王朝的授受关系，然后就以这些朝代的年号纪年。此即"借年纪事"之法，用以执简御繁。司马光对此法有过解释："但以授受相承，借其年以纪事尔，亦非有所取舍抑扬也。"[①] 所以《通鉴》叙三国事，用曹魏的年号来纪年，不用蜀、吴的年号；南北朝则全用南朝年号，直到隋文帝开皇九年（589）隋灭陈后，始用隋的年号开皇十年。至于汉唐之间王莽、武则天的两次所谓篡夺，司马光也是据实以书，不废莽新、武周年号。

《通鉴》的这个纪年处理办法，比较简明，避免繁琐，但也存在一些问题。且不说当时的一些学者仍从正统的观点出发，认为应该以刘备的蜀汉年号纪年，对《通鉴》记三国历史以曹魏年号纪年加以非议，从读者的

---

① 《司马光集》卷61《答郭长官纯书》，第1277页。

角度来说，这个纪年方法也不方便。譬如记南北朝史事，北朝的事情写得比南朝多，但记北朝事，而用南朝纪年，又不分注北朝年代，既使读者茫然莫辨，也不合乎事实。

关于一年之内多个年号的问题。同一个历史年代，因为种种原因，会出现两个甚至多个年号的现象。《通鉴》采取的原则是"凡年号皆以后来者为定"，叙事时只采用最后一个年号。例如隋义宁二年（618）五月，李渊称帝，建立唐朝，改年号为武德，那么这一年的纪事便都是系于武德元年，不称义宁二年。后梁开平元年（907）正月，便不称唐天祐四年也。除了朝代更替外，同一朝代的皇位继承之际也可能会产生两个以上年号，如公元710年这一年，唐史上实际有三个年号：先是上接唐中宗（李显）景龙三年（709）的景龙四年；到六月，中宗被毒杀，少帝李重茂即位，改元唐隆，又为唐隆元年；不久，临淄王李隆基起兵，睿宗李旦即位，七月，改元为景云，又为景云元年。在《通鉴·唐纪》中，本年的纪年从一开始就称景云元年，上接中宗景龙三年（709），其余的年号皆未分注。柴德赓说司马光的办法是"头齐脚不齐"。这个办法同样不便于读者。朱熹作《通

图27　（明）仇英绘《独乐园图卷》（局部）　美国克利夫兰艺术博物馆藏

鉴纲目》就使用了一年两系之法，元朝胡三省注《通鉴》就将年号的变化在注中交代清楚。

## 第二节　长编法

除了司马光和他的助手们的个人能力与热情外，《资治通鉴》（以下简称《通鉴》）的成功得益于司马光为《通鉴》的编修所制定的一套严密、科学的编纂方法。《通鉴》的编纂方法，现在一般认为有一个三步走的步骤，即先作"丛目"，次作"长编"，最后定稿。前两步骤主要是由二刘、范祖禹承担，最后的定稿则一出司马光之手。"丛目""长编"，都是司马光自己用到的概念。温公修书之法，在他写给范祖禹和宋敏求的信里有很清晰的表述①。

### 一、丛目

范祖禹大概刚开始工作不到一年的样子就编好丛目，跟司马光说要接着编长编了。司马光回信说："梦得今来所作丛目，方是将《实录》事目标出，其《实录》中应移在前后者，必己注于逐事下讫。自《旧唐书》以下未曾附注，如何遽可作长编也？"编写唐史丛目，首先是要根据唐代《实录》的编年纪事，标出"事目"，然后将《实录》中其他部分中与此事目相关的资料根据时间次序，注于该事目之下，最后再将《实录》之外的其他资料附注。范祖禹只是做了以唐朝《实录》为基础的标出"事目"和附注的工作，还没有将《实录》之外的其他各种相关资料"附注"。所以司马光

① 《司马光集》补遗卷9《答范梦得书》《与宋次道书》，第1741页、第1755页。

批评范祖禹"丛目"的工作还没有做完，不可以进入下一步修长编的程序。

如何做附注呢？司马光说："请且将《新旧唐书》纪、志、传及《统纪》、《补录》，并诸家传记、小说，以及诸人文集稍干时事者，皆须依年月注所出篇卷于逐事之下。《实录》所无者，亦须依年月日添附。无日者，附于其月之下，称'是月'；无月者附于其年之下，称'是岁'；无年者附于其事之首尾。有无事可附者，则约其时之早晚，附于一年之下。但稍与其事相涉者，即注之过多不害（自注：假如唐公起兵，诸列传中有一两句涉当时者，但与注其姓名于事目之下，至时虽别无事迹可取，亦可以证异同、考月日也）。"

即：将《新唐书》《旧唐书》的本纪、志、传记，《统纪》《补录》，以及其他诸家的传记、小说和个人文集中与时事有关的资料，如果是《实录》中已有事目的，就依据其年月注于相关事目之下；如果是《实录》中没有的，就依据其年月日添加到相应位置。日期不明的，附于其月之下，称"是月"；无月者附于其年之下，称"是岁"；无年者附于其事之首尾。有无事可附者，则大致推算其时之早晚，附于一年之下。资料附注，多多益善，凡是与所立事目有关的资料都可以附注，"过多不害"。资料"附注俱毕"之后，丛目的工作才算告成。比如，唐初名将李靖传记中有四件大事，第一件"自锁告变事"，应按时间放在"隋义宁元年唐公起兵"下；第二件"破萧铣事"，应按时间放在"武德四年灭萧铣"下；第三件"斩辅公祏"，应按时间放在"七年平江东"下；第四件"擒颉利"，应按时间放在"贞观四年破突厥"之下，备注的条目，每件大事的概括，即"事目"。在其他人传和小说文集中，如有关于这几个"事目"的重要事情，也要按照时间的先后顺序放在该条"事目"之下，这样，每一条事目之下都放置大量的史料。

故"丛目"的涵义有二：一是"目"，即"事目"；二是"丛"，即汇聚资料。就是以历朝正史的"本纪"或实录为基础，标出"事目"，然后将正史、杂史、传记小说以及诸家文集等各种史料中"稍干时事者，皆须依年月日添附"，编年汇集相关资料。

二、长编

丛目既成，乃修长编，所以司马光告诉范祖禹，丛目完成后，就可以"从高祖初起兵修长编，至哀帝禅位而止"。"长编"是对丛目所汇编之资料进行整理、鉴别后所撰写成的编年史稿的称呼，因为它篇幅很大，是司马光删削定稿的基础，所以又被称为"草卷"[①]。

还是以唐史长编的编纂为例。司马光告诉范祖禹编纂长编的具体方法是："修长编时，请据事目下所记新旧《志》《纪》《传》及杂史小说文集，尽检出一阅。其中事同文异者，则择一明白详备者记录之；彼此互有详略，则左右采获，错综诠次，自用文辞修正之；一如《左传》叙事之体也。此并作大字写出。若彼此年月事迹有相违戾不同者，则选择一证据分明，情理近于得实者，修入正文，余者注于其下，仍为叙述所以取此舍彼之意。"

基本要求是：在尽阅相关资料的基础上撰写史事长编，正如司马光所说，"实录、正史未必皆有据，杂史、小说未必皆无凭，在高鉴择之"。对正史、杂史及笔记小说等资料予以同等重视，这个时候主要涉及的就是材料的选择与辨析问题。如果某事各家记载大同小异，就选择一家记载得"明白详备"的写入正文；纪事互有详略的就兼采所长，学习《左传》叙事之法，"自用文辞修正之"。如果纪事的年月、事迹等有较大差别，就

---

① （宋）晁说之："长编者，温公《资治通鉴》稿草之私号也。"（晁说之《嵩山文集》卷18，《题长编疑事》）

需要先进行考证，"选择一证据分明，情理近于得实者，修入正文"，其他不采纳的资料则注于正文之下，并说明自己选择资料的依据。其中正文所书用大字，附注所书用小字。

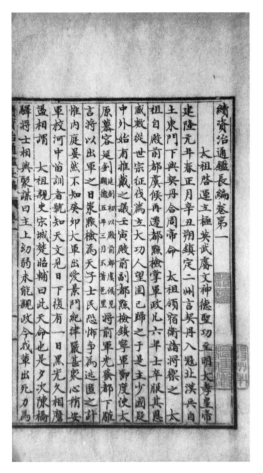

图28 （宋）李焘《续资治通鉴长编》 清抄本 扬州市图书馆藏

需要注意的是，宋人在论及司马光在修《通鉴》中的重要作用时就说过："是非予夺之际，一出君实笔削。"看起来似乎二刘一范纂修长编只是搜集整理资料供司马光最后删削。实际上读以上司马光论修长编之法就知道并非如此。二刘与范祖禹在修长编时面对丛目所汇集众多资料，一则如司马光所说，"在高鉴择之"，然后能用原始资料原文的就用原文，不能的，就"自用文辞修正之"，这其中便已包含了创作，所成即是长编正文，资料选择的辨别则注于正文之下，实际上也就是考异。司马光说前者用大字，则附注应该是小字。所以长编之法是兼具正文之修纂与资料之考异，即"所见所闻所传闻之异，必兼存以求其是，此正长编法也"。

在纂修长编阶段中有一个值得一提的是"广本"问题。《通鉴考异》中关于五代十国一段，保留了许多刘恕考订史实的记录，"广本"一词多次出现。如《通鉴考异》卷28梁纪上："（开平）三年四月，保大节度使李彦博"条下曰："《编遗录》《五代史》作彦容，今从刘恕广本。"这个"广本"是什么呢？有的认为"广本"是刘恕所作"粗成编"的《通鉴》底稿，有的认为是刘恕所作五代长编的代称，有的认为是刘恕五代纪长编的复本。在熙宁四年司马光给范祖禹的信中提到过"广本"，要寄刘恕所修"广本两卷"给范祖禹作"式样"，并自注说"此即据长编录出者，其长编已寄还道原"，显然此处的"广本"是指刘恕所编五代长编的副本。司马光给范祖禹寄刘恕编五代史长编的副本，就是让他照着学怎样修长编，当然不可能是刘恕所作"粗成编"的《通鉴》底稿。况且，"粗成编"这一步工作，是定稿过程中的程序，是由司马光亲自来做的。

三、定稿

由司马光考订异同，决定取舍，删削长编，加工润色，撰写评论，完成定稿。刘羲仲在《通鉴问疑》中说："先人（指刘恕）在书局，止类事迹，勒成'长编'，其是非予夺之际，一出君实笔削。"如前所述，在长编修纂阶段，已经存在一个"是非予夺"的选择过程了，并非"止类事迹"。

刘羲仲的这个说法并不完全准确，但对于长编的删削，则的确是"一出君实笔削"。

张须《通鉴学》对《通鉴》纂修三步骤有个比喻："丛目所以比次异闻，如工厂之原料品；长编则乃稍加修辑，如工厂粗制品，此二者皆助修者之事。若温公之笔削成书，则譬如工厂之精制品也。"长编与定稿两者有繁简、精粗之别。"诸人为其博，温公为其精。博则惟恐一书之未采，不惮空行以备黏补。精则惟恐一事之或诬，不惮参定以作考异"。编"丛目"旨在搜集资料，原则是"过多不害"；编"长编"是对丛目的初加工，对丛目的资料要做一定的删削和编辑，但原则上仍是"宁失之于繁，毋失之于略"，记事多多益善，以备主编进一步删削定稿。定稿过程，司马光写给宋敏求的信中有重要信息："某自到洛以来，专以修《资治通鉴》为事，仅了得晋、宋、齐、梁、陈、隋六代以来奏御。唐文字尤多，托范梦得将诸书依年月编次为草卷，每四丈截为一卷。自课三日删一卷，有事故妨废则追补。自前秋始删，至今已二百余卷，至大历末年耳。向后卷数又须倍此，共计不减六七百卷，更须三年，方可粗成编。又须细删，所存不过数十卷而已。"①

以《唐纪》的编纂为例，范祖禹修成的唐史长编稿，每四丈长截为一卷，共有六七百卷之多，近2800丈。司马光自己规定每三日删修一卷，如果哪天因故耽误了，次日须追补，这是一个巨量的工作，司马光仅仅删削唐史长编就需要耗费五六年的时间。

如果把长编这个"粗制品"视作是《通鉴》初稿，司马光的删定稿可以看作是《通鉴》的定本。实际上定稿这一步并非一蹴而就，又有"粗删"与"细删"两个阶段。司马光在写给宋敏求的信中提到，他删削范祖禹所

---

①　《司马光集》补遗卷9《与宋次道书》，第1755页。

图29 司马光《资治通鉴》稿（局部）

修唐史长编，需要花五六年的时间，然而所成还只是"粗成编"，此后还"须细删，所存不过数十卷而已"。我们今天所见到的《通鉴》中《唐纪》部分只有81卷，就是细删的结果。六七百卷的草卷，经过删削、加工润色、增添评论，成区区80卷定稿，披沙拣金，确实是精益求精的"精制品"了，司马光作为主编所付出的心力也可想而知。

司马光完成《通鉴》后，留在洛阳的《通鉴》手稿，据说存满两间屋子，可惜大都散佚，南宋时人也不过是偶得一见而已。所幸的是，国图藏有司马光手书《资治通鉴》稿，《通鉴》的定稿过程，我们从中可略窥一二。

司马光手书《资治通鉴》稿长130厘米，宽38.3厘米，共计29行，465字。记载东晋永昌元年（322）的史事，每事节写开端及末尾数字或十数字，中以"云云"省略，内容与通行本《通鉴》卷92略异。关于这个残稿的性质，翦伯赞先生认为"是一个提纲的初稿"，"说明了司马光对于《通鉴》的编写，不只是在事后修改润色，而且一开始就抓提纲，不仅抓总提纲，而且抓每年的提纲，至少抓重要年代的提纲"。"永昌元年，属于魏晋范围，正是刘恕担任的部分；但对于起草这一年的提纲，司马光却没有委托刘恕而是亲自动手。这一点就说明了司马光对于总揽《通鉴》全书的纲要方面，作了辛勤的工作"①。本来《通鉴》的编纂方法，因为有司马光自己的夫子自道，分三步走是没有疑问的。翦伯赞关于手稿性质的判断，提出了《通鉴》的提纲问题。《通鉴》编写在"丛目"之前有没有一个编纂的提纲？大部分学者认为有，但手稿不是提纲，"丛目"即提纲，或以为《历年图》是提纲，也有提出《通鉴目录》是提纲。

仔细比勘手稿与今本《通鉴》所记永昌元年的内容，将手稿中的"云云"置换为今本《通鉴》中的内容，可见两者内容极其接近。所以这个手稿应该是司马光定稿过程中产生的，而不是"丛目"甚至更早的提纲。司马光的这个手稿是写给书吏的，指示如何抄写，书吏根据什么来抄写。最有可能是助手们所编写的"长编"，如此，则书吏所抄出的当是司马光删削长编之后的定稿。

## 第三节　《资治通鉴》的叙事方法

编年体史书本来是一种大事记性质的文字记录，一个重要的历史事件、一个重要的历史人物的活动往往被分散在不同的时序之下，前后不能紧密衔接，首尾难以完整。《资治通鉴》（以下简称《通鉴》）采用很多方法以弥补编年体在叙事上的不足。

（一）提纲法。叙事"先提其纲而后原其详"，先用简洁语言揭明所述史事的纲领，然后再详述其始末原委。提纲法既便于叙事，也便于读者，

---

① 翦伯赞：《学习司马光编写〈通鉴〉的精神》，《人民日报》1961 年 6 月 18 日。

后来朱熹在此法基础上编纂《资治通鉴纲目》，大书为纲、分注为目，创造了纲目体新体裁。

（二）追叙法。对于长篇叙事，尤其在时间上跨月经年的历史事件，多先追叙其由来，再叙其本事。《通鉴》继承了《左传》的方法，多用一个"初"字提起，或相似的文句，如"先是"等，追述其起因由来，然后再进入到本事的叙述。比如《通鉴》开篇之叙三家分晋。全书开篇第一句紧随一篇史论之后，接着以一"初"字提起，使叙事年代一下子回到50年前，追叙三家分晋之前事。此法叙事不致于割裂史实，可尽量保持事件的完整性，一定程度上起到融合编年、纪传两体之长的作用。

（三）连类法。当叙述某一事件、人物时，连带叙述与之相同或相关的史事或人物。通过连类而及的方法，叙一事而兼及他事，既避免了孤立的叙事，或遗失漏载，还具有烘托主题、敷设线索的作用，尤其显示史家构思组织史料的功力。如《通鉴》卷65《汉纪》灵帝建宁二年（169），记党锢之祸再起，本事之外，连类叙及李膺、范滂、郭泰、张俭、夏馥诸人事迹，或慷慨就捕，或亡命他所，或一人逃命，牵连无数，或不言世事以保身，或逃入山林以避祸；叙述到此，"其事固已缤纷满纸矣"，但《通鉴》接下来又连类叙述汝南豪富袁氏（袁绍）之结客养士，同族袁闳潜居土室以避祸，又再叙申屠蟠的议论与遁世之举，旁及兼载，蔚为大观。

（四）带叙法。带叙法是为了完整提供历史人物的基本信息而采用的方法。司马光在指示范祖禹如何做长编时就提出："凡有人初入长编者，并告于其下注云某处人；或父祖已见于前者，则注云某人之子或某人之孙。"《通鉴》在行文中，凡是第一次出现的人物都明载其邑里世系。如《汉纪》

文帝前四年（前176），"以御史大夫阳武张苍为丞相"，揭明张苍为阳武人；又如《唐纪》贞观十八年（644）"命太仆少卿萧锐运河南诸州粮入海。锐，瑀之子也"是对萧锐的家世的交代。对于公侯大臣的官爵封谥，《通鉴》均附载于薨卒之时。如《晋纪》咸和四年（329）载"始安忠武公温峤卒"，永和二年（346）载"西平忠成公张骏薨"。始安、西平是封爵，忠武、忠成是谥号。带叙法的运用，使《通鉴》在记录人物邑里世系、封爵谥号等基本信息方面整齐划一，有始有终，是司马光编年体史书在记人方面的一个独创[①]。

《通鉴》运用各种叙事方法，综合二体优长，取纪传之长补编年之短，完善了编年体的叙事功能。

司马光修《通鉴》，既要剪裁史料，繁简得宜，又要在忠于史实的基础上，保持原文神韵。面对从先秦到北宋跨越千年的史实、风格迥异的文字，司马光笔则笔，削则削，熔铸新文，如出一手，成一家言，表现出了高度的组织材料能力和叙事技巧。

《通鉴》的文章技术，可以战争叙事为例。《通鉴》中对具体战争的记载数量多，篇幅大，叙述精彩，历来为人称道。例如关于赤壁之战的记载，在《三国志》中分见于《魏志》《蜀志》《吴志》等三个国家近20人的纪传材料中。《通鉴》卷65在综合梳理《三国志》资料外，又添加了《汉晋春秋》《后汉书》《后汉纪》等数种史料，于建安十三年（208）十月，仅用两千多字对赤壁之战的宏大过程做了精彩描绘，并在大场面的铺叙中绘声绘色描述战争过程、塑造人物形象，成为今天我们了解赤壁之

---

① 以上关于《通鉴》编案方法的概括转引自李晓菊《司马光与〈资治通鉴〉》，刘后滨、李晓菊主编《资治通鉴二十讲》，中国人民大学出版社，2010年，第12—13页。

战的经典文本。《通鉴》写战争除了必要的过程、结果外，对于战争的背景、形势分析、用兵谋略等等记载尤详。顾炎武在《日知录》中就指出："司马温公《通鉴》承左氏而作，其中所载兵法甚详。凡亡国之臣、盗贼之佐，苟有一策，亦具录之。朱子《纲目》大半削去，似未达温公之意。"这一特点也体现在赤壁之战的叙述中。《通鉴》记赤壁之战全过程，共用了2065字，而其中写决策过程就占了1600字。此种叙述策略，揭示出战争不仅仅是武力的较量，更是政治的延续。

唐宪宗元和十二年(817)淮西之役，是《通鉴》全书记载最详细的战争，几乎占《通鉴》卷240的全部篇幅。元和十二年十月，李愬雪夜袭蔡州之日，《通鉴》云："时大风雪，旌旗裂，人马冻死者相望。"此一内容在《旧唐书·李愬传》中的记载："是日，阴晦雨雪，大风裂旗旆，马栗而不能跃，士卒苦寒，抱戈僵仆者道路相望。"共30字。《新唐书·李愬传》改写为："会大雨雪，天晦，凛风偃旗裂肤，马皆缩栗，士抱戈冻死于道十一二。"减为26字。较之于两《唐书》，《通鉴》改写为14字，简洁精炼，读来风雪扑面，寒气逼人，所刻画之雪夜行军，风、雪、人、马、旗，如同雕塑般有力。

司马光的文字功夫与叙事技术最集中地体现在他的战争描写中，在文学、史学、兵学等领域俱受推重。清末胡林翼组织编纂《读史兵略》，主要是抄《通鉴》，"但据通鉴抄其文之有关兵事，每段以今地理释之"，此书还被用来学习"古人叙述兵事之法"。曾国藩编《经史百家杂钞》，其中选《通鉴》文11篇，差不多都是有关战事的描写。

司马光就像经营一篇文章一样经营着《通鉴》这部数百万字的鸿篇巨制，小到一字之推敲，大到数十种资料之熔铸，尽显匠心。前人赞司马光的西汉史编纂，“无一语不出于《史》《汉》，而无一处全袭《史》《汉》”，可见《通鉴》叙事之妙，正如梁启超评价司马光的《通鉴》，“文章技术不在司马迁之下”。

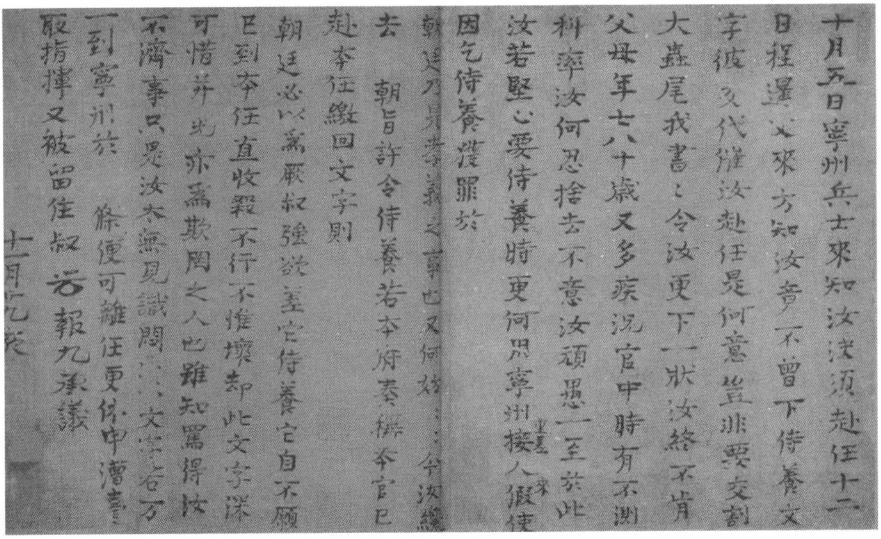
十月五日寧州兵士來知汝決須赴任十二
日程遲又來方知汝竟不曾下侍養文
字彼處又代催汝赴任是何意豈非要交割
大蟲尾我書〻令汝更下一狀汝終不肯
父母年七八十歲又多疾況官中時有不測
料率汝何忍捨去不意汝頑愚一至於此
汝若堅心要侍養時更何用寧州接人假使
因乞侍養擭罪於
朝廷乃是孝義之事也又何妨〻令汝纔
去　朝旨許令侍養若本府奏稱本官已
赴本任繳回文字則
朝廷必以為厭叔強欲差它侍養它自不願
已到本任直收殺不行不惟壞却此文字深
可惜并老亦為欺罔之人也雖知罵得汝
不濟事只是汝本無見識悶〻文字若万
一到寧州於　條便可離任更作申漕臺
取指揮又被留住叔若報九承議
十一月乙亥

图 30　司马光《宁州帖》　纸本　32.7 × 57.6cm　上海博物馆藏

# 第五章　《资治通鉴》的史料及其考异

## 第一节　《资治通鉴》的史料

史料价值是判断一部古籍价值的重要方面，司马光编纂《资治通鉴》（以下简称《通鉴》）的动因就是正史内容太多，所以要化繁为简。钱穆说："一部十七史一千三百多年，他只用二百九十四卷就拿下，可见他的重要工作，不是在添进史料，更重要是在删去史料。"[①] 但《通鉴》在删的同时，还做到了添加新史料。现代学者柴德赓说："《通鉴》了不起，句句有来历。本来，后人修前代的书，一般不能起史料书的作用。《通鉴》这部书就是厉害，起到了史料书的作用。"[②]《通鉴》能够起到史料书的作用，就是因为《通鉴》在删削正史的同时，也添加、保存了很多我们今天已经见不到或看不全的新资料，这些新资料正是《通鉴》的史料价值所在。《通鉴》能够做到"句句有来历"很了不起，更了不起的是司马光还自著一书告诉读者资料的来历，并说明自己的史料辨别、选择依据，从而保存了更多的资料，此书就是《通鉴考异》。我们今天用来判断《通鉴》史料来源的主

---

① 钱穆：《中国史学名著》，三联书店，2000 年，第 177 页。
② 柴德赓：《资治通鉴介绍》，求实出版社，1981 年，第 17 页。

要依据就是《通鉴考异》。

南宋高似孙最早统计了《通鉴》所引书，根据他的统计，《通鉴》参考书为 245 种①。清同光年间的长沙胡元常据《通鉴考异》所引书名，作《通鉴引用书目考》，文集之外，"凡得 272 种"。民国以来学者续有统计，数量不一，最新的统计为 355 种②。《通鉴》正文叙事，多是事出正史。如别无异说，直接书入正文，如有异说，原则上当出考异。但也存在该出考异而不出，或有事出杂史、小说，别无其他资料可以参据，无从考辨，就直接书入正文而不出考异。所以《通鉴》真实引书数量已不得而知，但根据《通鉴考异》统计所得 350 多种引书已足见《通鉴》史料渊薮的作用。

宋初所修《册府元龟》，也是主要记"历代君臣事迹"，但其取材，唯取六经子史，不录小说，"所编事迹，盖欲垂为典法，异端小说，咸所不取"。《通鉴》则不同。《通鉴》在编写丛目和长编的时候，贯彻"宁失于烦勿失于略"的方针，在此思路下的《通鉴》取材，遍及正史、编年、别史、野史、霸史、碑志、奏议、文集、笔记、传记、小说、类书、地理等等，正如司马光自己所说："遍阅旧史，旁及小说，简牍盈积，浩如烟海。"

《通鉴》的"丛目"中的事目，基本上是依据官方的《实录》或者《正史》的《本纪》立目，其他资料在此基础上添附。需要对正史特别熟悉才行。

---

① （宋）高似孙《纬略》卷 12："正史之外，其用杂史诸书凡 222 家。"（《四库全书总目提要》引纬略误作 322 种）。在《史略》中则开列细目计 226 种（《史略》卷 4 "通鉴参据书"），合 19 部正史，共为 245 种。

② 1934 年，崔万秋《通鉴研究》，统计为 292 种。1948 年，张煦侯《通鉴学》为 301 种。1985 年，陈光崇《张氏〈通鉴学〉所列〈通鉴〉引用书目补正》为 359 种、高振铎《通鉴参据书目考辨》为 339 种（以上两文均见于《资治通鉴丛论》，河南人民出版社，1985 年）。1986 年，周征松《通鉴考异所见书目检核》为 356 种（《山西师大学报》1986 年第 3 期）。1990 年，李裕民《四库提要订误》卷 2 "资治通鉴"条，为 356 种，2005 年修订版中除去刘恕《广本》为 355 种。

但官修史书也未必皆可信，常有隐讳不书或语多微隐。所以司马光说："实录、正史未必皆有据，杂史、小说未必皆无凭。"《通鉴》史料的选择与辨别，很关键的就是要处理好"遍阅旧史"与"旁及小说"之间的关系。

《通鉴》在各个不同断代的编写中采择正史、小说等史料的比例是不均衡的。章太炎说《通鉴》取材，西汉全采《史记》《汉书》，东汉采范晔《后汉书》十之七八，魏晋至隋，采正史者十之六七，唐则采正史者十不及五，五代则全据薛史。"全采"云云当然稍嫌夸张，但大体上时间越是靠前，正史所占的比例越大，越是往后，笔记小说类资料越多。

具体到《通鉴》各纪，从战国到三国646年，78卷，史料来源主要是《战国策》、前四史、荀悦《汉纪》等常见史料，其他史料不多。

图 31 　《资治通鉴》　明嘉靖二十三年至二十四年（1544—1545）孔天胤刻本
山东省图书馆藏

战国部分，主要依据《战国策》《史记》。所用史料较狭，也有不少遗漏和错误。如过分相信《史记》，忽视了《竹书纪年》的记载，魏文侯在位年数、子夏见文侯之年等均误。对《吕氏春秋》重视不够，不载韩赵魏三家为侯之前的三晋败齐，虏齐侯；魏惠王始盛后衰，《吕氏春秋》多载，而《通鉴》记载不多；漏载稷下学宫事。误《初见秦》为韩非作，不知李悝即李克，等等。

西汉史源主要是《汉书》，参考荀悦《汉纪》，史、汉异文，一般依《汉书》。《考异》的做法多半是史、汉互证。记汉武帝，《通鉴》采用《汉武故事》。昭帝之后，西汉之事主要以《汉书》为据。从《通鉴考异》来看，参照的书籍只有荀悦的《汉纪》、伶玄的《飞燕外传》、葛洪的《西京杂记》等数种。东汉、三国部分主要取材于《后汉书》《三国志》，删、改过程中，基本忠于原始史料。

从晋到隋353年，106卷。正史之外，用了不少我们今天已见不到的材料。比如唐朝修《晋书》之前的十八家晋书、崔鸿《十六国春秋》、萧方等《三十国春秋》、裴子野《宋略》、孙盛《晋阳秋》、习凿齿《汉晋春秋》等。值得注意的是《通鉴》叙十六国事中有很多内容是所记与正史是同一事，又不是出自正史，而是别有所本，因为无其他史料可资比较，故不尽作《考异》。也就是说《通鉴》正文中很多不能从正史或者《考异》中考知其出处的叙述，实际上也都可能是出自原始资料，具有很高的史料价值。

唐五代纪343年，110卷，引书260多种，占《考异》全部引书的75%。唐朝实录，现在能看到的只有《顺宗实录》，而《通鉴》采用各种实录558条。曾参与纂修唐朝国史的柳芳自撰《唐历》，温公"撷取四十卷中事几尽"，所采数量既多，又多经考辨，质量亦高。司马光"遍阅旧史，旁采小说"的资料采择特点尤其体现在《通鉴》唐五代部分。

《通鉴》对笔记小说资料的采用，洪迈曾举例说："以唐朝一代言之：叙王世充、李密事，用《河洛记》；魏郑公谏争，用《谏录》；李绛议奏，用《李司空论事》；睢阳事，用《张中丞传》；淮西事，用《凉公平蔡录》；李泌事，用《邺侯家传》；李德裕太原、泽潞、回鹘事，用《两朝献替记》；大中吐蕃尚婢婢等事，用林恩《后史补》；韩偓凤翔谋画，用《金銮密记》；平庞勋，用《彭门纪乱》；讨裘甫，用《平剡录》；记毕师铎、吕用之事，用《广陵妖乱志》。皆本末粲然，然则杂史、琐说、家传，岂可尽废也！"[①]唐朝去宋不远，正史之外的各种资料尚有遗留，所以《通鉴》直接采自正史的也就变少。《通鉴》的史料价值主要也就体现在唐代部分。不过尽管"杂史、小说未必皆无凭"，但毕竟出自私人之手，也未必就可据。上列《通鉴》所采小说事，洪迈持赞赏态度，明代学者胡应麟则认为是败笔，是司马光为流言所蒙蔽。

是不是司马光偏爱笔记小说类呢？当然不是。朱熹评论《通鉴》中南北朝史料时说："南北史除《通鉴》所不取者，其余只是一部好笑的小说。"可以信据的精华部分，已为《通鉴》所采。司马光说"实录、正史未必皆有据，杂史、小说未必皆无凭"，不盲从正史，而是注意发掘杂史小说中的史料价值，这是他的卓识，只不过在运用时需要更高的才学和史识去鉴别方可。

---

① （宋）洪迈撰，孔凡礼点校：《容斋随笔》卷11"册府元龟"条，中华书局，2005年，第763页。

## 第二节　《资治通鉴》的考异之法

钱大昕曾说："读十七史，不可不兼读《通鉴》。《通鉴》之取材多有出正史之外者，又能考诸史之异同而裁正之。昔人所言'事增于前，文省于旧'，惟《通鉴》可以当之。"①《通鉴》面对众多史料，"其是非疑似之间，皆有辩论，一事而数说者，必考合异同而归之"，由此有《通鉴考异》之作。

长编的编写过程中，已贯穿了"考异"的要求。司马光对范祖禹说"实录、正史未必皆有据，杂史、小说未必皆无凭"，具体怎么选，"在高鉴择之"。这个史料鉴别、选择的过程，就是考异的过程："若彼此年月事迹有相违戾不同者，则选择一证据分明，情理近于得实者，修入正文，余者注于其下，仍为叙述所以取此舍彼之意。"在进行正误真伪的考订后，决定取舍，写入正文，同时要将其余的史料注于正文之下，说明取舍的理由。

司马光为"考异"的写作制定了统一的模版："先注所舍者，云某书云云，某书云云，今案某书证验云云。或无证验，则以事理推之云云，今从某书为定。若无以考其虚实是非者，则云今两存之。"根据此模板，考异的鉴定史料以及书写方法有三：1. 可以通过比勘不同资料考知真相做出取舍的，就将所采纳之书入正文，不取者入考异，并说明理由，常用术语为"今不取""某某误"等；2. 如果某说法可取，又没有证据，就以理推之，在考异中的常用术语是"今从某某"；3. 异说纷纭，是否难定，就保存异说，

① （清）钱大昕著，陈文和主编：《潜研堂文集》卷28《跋柯维骐〈宋史新编〉》，凤凰出版社，2016年，第453页。

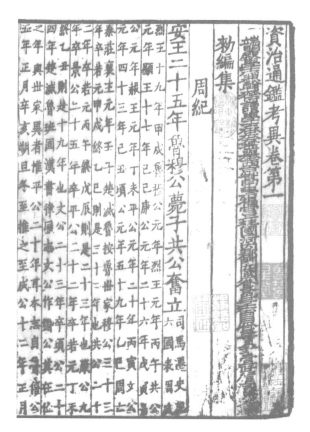

图 32  司马光《资治通鉴考异》  宋绍兴二年至三年（1132—1133）两浙东路
茶盐司公使库刻宋元递修本  国家图书馆藏

常用术语为"今两存之"。不过据最后所成之《通鉴考异》看，考异处理
史料异说的方式远不止三种。张须《通鉴学》总结为六类：1. 参取众书
而从长者。标准主要有年月、情事两项。年月一以《长历》为准，明显与
事实不合者，量从其是。情事，分析其可信性，去其暧昧、浅妄、近于游
戏、虚美、诬善。2. 两存者。两说皆有可取处，未知孰是，两存之。3. 两
弃者。两说经考证皆误。4. 两疑而节取其要者。两说相违，去其不可信，
节取其要。5. 存疑。疑以传疑。6. 兼存或说于《考异》中者。虽不取某说，

亦载于考异中，说明驳弃之故。

　　长编资料取舍、考订异同的结果是 30 卷《通鉴考异》。司马光删削长编定稿过程中，将考异文字移出，修订整理，断以己意，另编为《通鉴考异》，与《通鉴》一同奏进。到胡三省为《通鉴》作注时，始将《通鉴考异》文字散入有关的正文之下，以"《考异》曰"加以标识。

　　《通鉴考异》30 卷中隋以前 8 卷，唐 20 卷，五代 2 卷。由此比例也可见《通鉴》中的篇幅是后多于前，史料价值也是后胜于前。资料愈多，处理更难，也尤需考异。

　　《通鉴考异》所考条目近 3000 条。涉及的考证内容较多的项目有：1. 时间。相关考证有近千条。2. 地点。3. 人物的姓名、年龄、身份等。4. 职官建置、官爵名称等。5. 记事失误。6. 数字记载，包括户口、官员、州县、财政数字等等。考异文字多寡不一，短者寥寥数字，长者 2573 字[①]。

　　《通鉴考异》是明了司马光去取之意的夫子自道。综合看，不管如何处理各种异说，司马光判断史料真伪的最主要的标准大致有二：一是据事实考之；一是据情理推之。前者主要表现在关于时、地、数字、人名、官称等等材料考证中。在异说并存、是非确是不易辨的时候，《通鉴》往往从多、从详，《通鉴》中常有"未知孰是，今从其多者"，某书"尤详""颇详"，因而"今从之"之例。对于孤证，往往比较谨慎，某说法如果主要史料皆无记载，则"今不取"，不过偶尔也存在某事"唯某书有之，今从之"这样取孤证的例子。

　　关于人事的材料，司马光在决定去取时，常会有比较主观的推论，以

---

　　① 《通鉴》卷 14 玄宗天宝十四载（755）十二月丙午，颜杲卿杀李钦凑，引《河洛春秋》《颜杲卿传》《玄宗实录》《肃宗实录》《唐历》《旧唐书》《颜氏行状》七种资料，2573 字。

情推之、以理推之。根据自己对于当时时事或者人物的认识，推论某事是否可能，甚至根据自己现实政治立场决定取舍。

《通鉴》卷 193 载有贞观二年（628）十二月王珪谏唐太宗纳庐江王瑗姬事。太宗与王珪论政，有美人侍侧，太宗对王珪说此姬本平民之妇，庐江王瑗杀其夫而纳之。及庐江王以谋反诛，姬没入宫中。王珪谏太宗说杀人而取其妻本已错误，不该复纳入宫中。此事结果，唐代史料记载不一致。《实录》《新唐书》《旧唐书》《唐会要》等皆载此事，皆云"帝虽不出此美人，而甚重其言"。唯有《贞观政要》记载"太宗大悦，称为至言，遽令以美人还其亲族"。如果太宗果真出此美人，那就是从善如流、圣王仁心善举，史官断然不敢不载，私自改成未出就更是不可想象之事了。此事无论是根据史料的原始性，还是按照《考异》的以理推知、不取孤证或者从其多者等等原则，都应该是取《实录》《唐书》之说，然而《通鉴》是"今从《贞观政要》"。《考异》记司马光取舍理由说："太宗贤主，既重珪言，何得反弃而不用乎！且是人泛侍左右，又非嬖宠著名之人，太宗何爱而留之！"司马光认定唐太宗是明君，不会不纳王珪的进谏；一个美人也不值得太宗知错不改，导致其考辨不是从史实出发，而是根据个人主观判断，能疑国史，而不疑"贤主"。

司马光一方面反对"爱憎由己"，但自己也不免在选择史料时陷于爱憎由己，根据当事者个人品质判定，或者根据自己对当事人的固有认识来判断。唐代中期贤相陆贽也是典型的例子。司马光喜欢陆贽，于是不但在正文中多采陆贽奏疏，而且凡涉陆贽之短的材料一概不取，因为"陆贽贤相，安肯为此"，这与他不疑太宗不会把美人还其亲族，不疑郭子仪能枉杀是一样思路①。同样原因，因为司马光不喜李德裕，导致《通鉴》记唐宪宗至武宗六朝，凡事涉李德裕父子事，资料去取多有失当，史学家岑仲勉称司马光"满胸私见，不复推求事实真相"②。

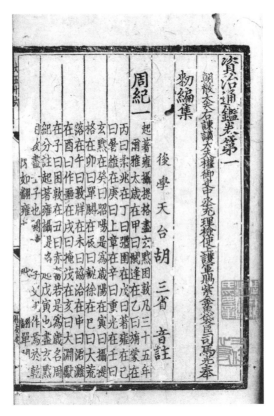

图 33 《资治通鉴》 元刻明修本 复旦大学图书馆藏

尽管存在不少考证不精或主观臆断的地方，但从方法上讲，《通鉴考异》辨析资料异同，"既著其文于通鉴，又本弃取之意，辨论而折衷之，使读

---

① 司马光辩陆贽不会陷害窦参事，见《通鉴》卷 234 考异，第 7530 页。辩郭子仪不会杀王甫事，见《通鉴》卷 223 考异，页 7157。

② 岑仲勉：《通鉴隋唐纪比事质疑》，中华书局，2004 年，第 271 页。

者晓然于纪载之得失是非而不复有所岐惑，千古史法之精密，实未有过于是者"。自著书自做注为书明其去取，在方法上司马光有首创之功，体现了一种"史学自觉"的精神。史料考证之法，至司马光而走向自觉与精密，并为南宋李焘（字仁甫）所发扬光大，故陈寅恪称此法为"司马君实李仁甫长编考异之法"。傅斯年把司马光《通鉴考异》视作宋代史学中"最有贡献而趋向于新史学方面进展"的代表，从"这里边可以看出史学方法的成熟和整理史料的标准。在西洋则这方法的成熟后了好几百年，到十七八世纪，这方法才算有自觉的完成了"。《通鉴考异》成为"中国详述比较史料的最早一部书"①。更重要的是，通过这种方式，《通鉴》得以保存大量的资料，这些资料不仅具有很高的史料价值，因为其征引原文的特点，也使得《通鉴考异》资料具有很高的辑佚、校勘价值。

---

① 傅斯年：《史学方法导论》，收入《中国现代学术经典·傅斯年卷》，河北教育出版社，1996年，第242—243页。

# 第六章　《资治通鉴》的影响（上）

两宋史学是中国古代史学的高峰，《资治通鉴》（以下简称《通鉴》）是宋代史学也是中国史学的不朽经典。它的成功直接激发了编年体在宋代的复兴，南宋再度出现了编年体史书编纂的高峰，产生了可以媲美《通鉴》的著作，并催生出新的史学编纂体裁。编年体因《通鉴》的成功而真正成为与纪传体分庭抗礼的史学编纂"二体"之一。清代学者王鸣盛说："编年一体，唐以前无足观。至宋有《通鉴》，始赫然与正史并列。"司马光改造早期编年体史书所形成的"长编考异之法"一直影响到现代史学著述。

《通鉴》成书后，围绕《通鉴》产生了大批的续、改、注、评、校勘、研究等著作。据统计，宋元明清时期的《通鉴》类史书有140多种4000多卷，这一大批著作连同数量更多的有关通鉴的序跋、题记、识语、考订、笔记，等等，意味着《通鉴》由一书而发展成为内容丰富脉络清晰的专门之学"通鉴学"。

## 第一节　《资治通鉴》编修团队的派生书

司马光和他的助手们在编修《资治通鉴》（以下简称《通鉴》）的过程中，还都各自著有《通鉴》相关作品，可以说是最早、最直接的一批《通鉴》派生书。

司马光所著与《通鉴》相关的著作，除了《通鉴》与《资治通鉴目录》《资治通鉴考异》三者一同进呈，而各自独立，合计354卷外，还有《历年图》《稽古录》《国朝百官公卿表大事记》《通鉴举要历》《涑水记闻》《通鉴释例》等。

### 《通鉴目录》

司马光在修书的同时，编成《资治通鉴目录》30卷。目录上方纪年，采用刘羲叟《长历》纪年、朔闰、节气贯通上下。中间边栏列出与该年相应的朝代名称、帝王庙号、名讳、年号和年数。数国并列，则分为数条横格，载明各自年号、年数。表内则略举事目，撮精要语散于其间。最下栏标注《通鉴》卷数，便于寻检。史书有目录，始于《史记》太史公自序之小序，列于书末。目录改置书前，始于范晔《后汉书》。纪传体以人、事为主，便于制作目录，编年体史书按年纪事，向无目录。《通鉴》始创编年体目录之法，用年表之法，为目录之体，共摘录精要之语近50万字，因此又被看作是"《通鉴》之总会"，实际上起到了《通鉴》节本作用。《通鉴目录》与《通鉴》一样是逐纪进呈，但非同时，因此《目录》又具有校勘《通鉴》的作用。

### 《通鉴举要历》

南宋陈振孙《直斋书录解题》载，司马光晚年仍有感于《通鉴》卷帙繁重，不便阅读，《通鉴目录》记事不完整，于是又着手编撰80卷的《通鉴举要历》。朱熹在他的《资治通鉴举要历后序》中说，这部书尤其体现出司马光"爱国忠君，稽古陈谟"的一片心意。据王应麟《玉海》，则此书未完成，今亦无存。苏轼给司马光写的传记里记载司马光有《通历》80

卷，不见有其他记载，似与《举要历》为同一书。

**《通鉴释例》**

《通鉴释例》1 卷，非司马光自作，而是其曾孙司马伋根据《与范祖禹论修书帖》、《通鉴问疑》、司马光手稿等等整理而成的纂修《通鉴》的凡例，共计 36 例。

**《历年图》《国朝百官公卿表》《稽古录》**

《历年图》《国朝百官公卿表》原曾单行，今俱见于《稽古录》。司马光在治平元年进《历年图》5 卷，系从周威烈王二十三年（前 403）到后周世宗显德六年（959）的历史简表。有"臣光曰"，是各朝各国的史论，与《通鉴》据事立论不同。神宗时司马光受诏修《国朝百官公卿表》10 卷，

图 34 司马光《司马温公稽古录》 明天一阁刻本 首都图书馆藏

记建隆元年(960)至治平四年（1067）间大事。元祐时司马光修周威烈王之前部分，"以补二书之阙"，合为20卷，名为《稽古录》①。《稽古录》今存，其中卷11—15为《历年图》，卷16为《历年图后序》，实即《历年图》的总论。卷17—20为《国朝百官公卿表大事记》，即司马光在神宗时期所修《国朝百官公卿表》。

《稽古录》总体上就是上古时期至北宋英宗四年（1067）大事年表，并附有司马光论历代兴亡的史论，"可以见治乱存亡之大略"。朱熹很欣赏《稽古录》，说"《稽古录》极好看"，"不可不读"。认为《通鉴》不太容易看，如果能先看《稽古录》，"便是一部古今在肚里了"。

### 《涑水记闻》

《涑水记闻》16卷是司马光的笔记，杂录宋初至神宗时北宋六朝时事，具有史料汇编性质，据说是司马光为修《通鉴》之后的当代史所备。元祐时期黄庭坚等修《神宗实录》时曾大量取材《记闻》。《涑水记闻》在司马光生前尚是未定稿，南宋初由范祖禹的儿子范冲整理奏进。秦桧当政时有私史之禁，司马光的曾孙司马伋曾上疏称此书为假冒司马光之名而作，请求禁绝。

《涑水记闻》的特点是每条资料末注所述说之人，因此称"记闻"，如果忘记了信息来源，就会注上"不记所传"，以表明言之有据。这种史料笔记的方法，也为后来的史学家效仿，陈寅恪作《寒柳堂记梦未定稿》就是以此书为楷模。

### 《资治通鉴外纪》《十国纪年》

《资治通鉴外纪》10卷，《十国纪年》42卷，以上两种皆刘恕作。

---

① 《司马光集》卷51，《乞令校定资治通鉴所写稽古录札子》，第1078页。

刘恕曾经问过司马光为什么《通鉴》不起于上古或者尧舜时期，司马光答以"经不可续"。刘恕认为通史而不能包括上古历史，会导致学者"取舍乖异，莫知适从"。因此计划在《通鉴》的基础上，补前、续后，自伏羲至周威烈王二十三年命韩赵魏三家为诸侯，可为《前纪》；本朝一祖四宗108 年，可根据《实录》《国史》，作《后纪》。刘恕在南康军"遥隶书局"期间，以《国语》为本，编《通鉴前纪》，上起伏羲，下接《通鉴》，含正文 10 卷，目录 5 卷，体例仿全《通鉴》。此后刘恕患病，卧床六百日，

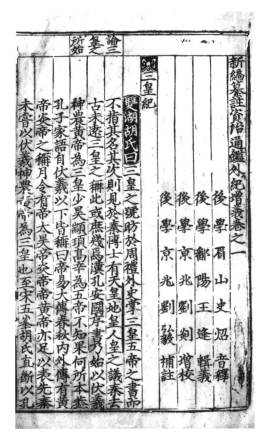

图 35 （宋）刘恕撰（宋）史炤音释（明）王逢辑义（明）刘剡增校（明）刘弘毅补注 《新编纂注资治通鉴外纪增义》 明慎独斋刻本 澳门大学图书馆藏

僻处地方，又无法得到本朝《实录》《国史》，无法完成《通鉴外纪》。刘恕乃改《前纪》之名为《外纪》，寄希望于将来司马光在修完《通鉴》之后，在自己《外纪》基础上修《前纪》《后纪》。

刘恕是最早提出补、续《资治通鉴》的学者，他的《通鉴外纪》是第一部补《通鉴》的史书。

刘恕在同编修《资治通鉴》时负责了五代十国的长编工作，他编写五代长编的副产品是《十国纪年》。《十国纪年》42卷，是对五代时期南方吴、南唐等9国以及北方的北汉共10国史事的整理。司马光称该书为五代史书中之最佳者，在《资治通鉴考异》中曾多次引用，南宋学者薛季宣更是称此书为"一世奇作"。然此书宋末尚存，明前期即已下落不明。

### 《编年纪事》

《编年纪事》11卷，刘攽作。据晁公武《郡斋读书志》卷2上载，刘攽有《编年纪事》11卷，"因司马温公所撰编次"。《编年纪事》今佚，晁公武也没有说是因司马光何书所撰。王应麟《玉海》卷47"历年图"条下，载刘攽《编年纪事》11卷。卷56"治平历年图"条下，载"刘攽易其名曰《帝统编年纪事珠玑》，第为十卷，以著论为一卷，总十一卷。首卷序三皇讫皇朝世次大略，《历年图》所无"。其意是刘攽将司马光治平《历年图》改名为《帝统编年纪事珠玑》，著作权仍属司马光。《宋史》卷203《艺文志》也是将此书系于司马光名下。综合晁、王所言，《编年纪事》即《帝统编年纪事珠玑》，当为刘攽"因司马温公所撰"之《稽古录》所改编。

### 《唐鉴》

《唐鉴》12卷，范祖禹作。范祖禹在修《通鉴》的过程中，分职唐史，熟考唐代兴废治乱之所由，他认为本朝最应该借鉴的是唐朝历史。因此在修《通鉴》之余，"采唐得失之迹，善恶之效"，上起高祖，下终昭宣，撮取大纲、系以论断，为文306篇，分为12卷，编为《唐鉴》。崇宁二年（1103）四月，《唐鉴》与三苏文集、刘攽《诗话》等一同被下诏毁版。南宋中期的学者吕祖谦为《唐鉴》作注，分为24卷。

范祖禹觉得《通鉴》对义理讲得不够，故而《唐鉴》稽考唐代成败之迹"折以义理"，重视伦理纲常。比如《通鉴》比魏徵以管仲，而《唐鉴》

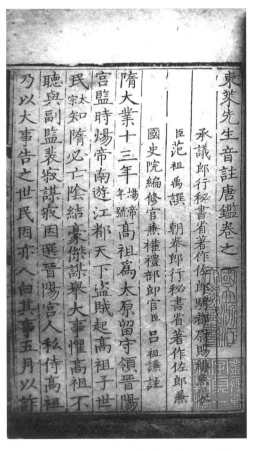

图36 （宋）范祖禹撰（宋）吕祖谦注 《东莱先生音注唐鉴》 明弘治十年（1497）
吕镗刻本 浙江大学图书馆藏

则正唐太宗之篡名，以魏徵为贰臣。《通鉴》以武后纪年，范祖禹则援引《春秋》书法，取武后临朝21年系之中宗。《唐鉴》已开宋代史论义理化先河，颇得理学家赞赏，认为"三代以后无此议论"。南宋时《唐鉴》得到君臣上下的重视。宋高宗说："读唐鉴，知范祖禹有台谏手段。"曾做过宰相的周必大也说："祖禹著书，皆可备乙夜之览，篇篇即是谏疏。"朱熹觉得范祖禹的议论还不够精密，但所作《资治通鉴纲目》引用《唐鉴》议论达207条。《唐鉴》在宋高宗时期成为经筵讲授内容[1]，甚至在民间也成为少儿必读书[2]。

　　《唐鉴》叙事用《通鉴》原文，故可起到校勘《通鉴》的作用。《通鉴》卷192太宗贞观元年（627）闰月壬申条"木心不直"句，《唐鉴》作"木心不正"。《唐鉴》准确，如此方可与下文"发矢不直"相对，不至重复。又卷229德宗建中四年（783）十一月"上问陆贽以当今切务"条，有"唯信与诚，有失无补"句，"有失无补"《唐鉴》作"有补无失"。核陆贽《奉天请数对群臣兼许令论事状》，知《唐鉴》准确。胡三省不知《通鉴》此处有误文，强为之解，注云："言人君所为，有失于诚信，则无补于治道。"大误，不过据此也可见胡氏所据之本已误。

# 第二节　《资治通鉴》的补续

　　补续《资治通鉴》（以下简称《通鉴》），可分为补前与续后。其中

---

①　（宋）孙觌：《讲筵乞读范祖禹唐鉴札子》，《全宋文》第158册，第473页。

②　（宋）陈傅良《止斋集》卷41《跋胡文定公帖》："儿时从乡先生学，同学数十人，各授程《易》、胡《春秋》、范《唐鉴》一本。是时，三书所在未镂板，往往多手抄诵也。"

补前之书始自刘恕《通鉴外纪》，续后之书始自李焘《续资治通鉴长编》。

宋元之际的金履祥（1232—1303）认为刘恕撰《资治通鉴外纪》记《通鉴》上限以前之事，嗜博好奇，"不本于经，而信百家之说，是非谬于圣人，不足以传信"。于是损益折衷，以《尚书》《诗》《礼》《春秋》等经、传资料为主，旁采旧史诸子，作《通鉴前编》18卷。表年系事，断自唐尧以下，接于《通鉴》之前。又别为《举要》3卷，仿朱熹《通鉴纲目》之体，而稍变《通鉴》之式，"凡所引经传子史之文，皆作大书。惟《训释》及《案语》则以小字夹注，附缀于后"。该书援据颇博，多与经训相发明，

图37　（元）金履祥撰《通鉴前编》　元刻明成化十二年（1476）重修本
南京图书馆藏

然去取失当处也不少。

长编法是司马光修《通鉴》的一个编纂步骤，相对于《通鉴》定稿而言，长编只是对原始资料进行初步整理和加工的编年史初稿。到了南宋，在李焘、李心传等人手里，长编法一变而为长编体，出现了以此命名的接续《通鉴》的编年史著作。

**一、李焘《续资治通鉴长编》**

李焘（1115—1184），字仁甫，号巽岩，眉州丹棱（今四川丹棱）人。绍兴八年（1138）进士及第。刘恕曾经有计划作北宋史通鉴《资治通鉴后纪》，未成而卒，此计划由李焘完成了，且规模宏远，远过刘恕当初的设想。

图38　（宋）李焘《续资治通鉴长编》　宋刻本　辽宁省图书馆藏

李焘著《续资治通鉴长编》980卷，"网罗收拾，垂四十年"，精力几尽于此书，史家称其"平生生死文字间"。《长编》起自太祖建宗，止于靖康亡国，详记北宋9朝168年史事，是继司马光之后长编法的最重要实践，第一个创造性地将长编法独立为一种著史体例。宋孝宗曾赞誉李焘"无愧司马光"，并答应李焘亲书"续资治通鉴长编"7字书名并赐序冠于卷首，结果未及书写而焘已卒。

据说李焘作《长编》时，作木厨10枚，每厨作抽替匣10枚，"每替以甲子志之，凡本年之事，有所闻必归此匣，分月日先后次第之"。这实质上也就是《通鉴》丛目之法。他搜集资料的原则是"宁失于繁"，"一代之书萃见于此"；处理史料的方法是"所见所闻所传闻之异，必兼存以求其是"；《长编》完成后，又著有《续长编举要并考异》，以及《目录》5卷，都是学司马光，可谓善继温公史学者。《续资治通鉴长编》是李焘一人独立完成，卷数超过《通鉴》，用时也更长。纪事详密，考订精审周密，又过于《通鉴》。《通鉴》考异用数种材料考订史事，文字多者千余字，而《长编》考异有长达五六千字者。

李焘《长编》宁繁勿略，留待后人节略。南宋史有节其一朝史事者，如陈傅良《建隆编》为太祖一朝节略；有将《长编》删繁撮要为9朝简史一书者，如陈均《九朝编年备要》；《宋史全文》北宋部分，"本于焘之《长编》，而颇加删节"。毕沅《续资治通鉴》北宋9朝事迹，"实皆用《长编》为底本。钱大昕《宋辽金史考异》《宋辽金元史朔闰考》，并据《长编》而作"。有改编《长编》者，如杨仲良《皇宋通鉴长编纪事本末》。《长编》不愧为北宋史料渊薮，"考证之林"，影响深远。

《长编》因篇帙过大，刊印不易，长期以抄本形式流传，且多为节录本，至明朝时已无足本。明初修《永乐大典》收入《长编》大部,清朝修《四库全书》,从《大典》中辑得 7 朝长编 520 卷。宋人杨仲良以李焘书为据,著有《皇宋通鉴长编纪事本末》150 卷,可补辑本《长编》的缺失部分。

### 二、李心传《建炎以来系年要录》

李心传(1167—1244),字微之,号秀岩,隆州井研(今四川乐山)人。心传博通群书,尤熟故实,累举不第后,遂绝意不复应举,闭户著书。所著《建炎以来系年要录》200 卷,用长编法,续李焘《长编》,记宋高宗一朝 36 年史事。取材以国史、日历为主,参以野史杂记等,引书达 490 余种,包括官书 35 种,题名记 52 种,杂史笔记 170 种,碑传 150 多种,地志 15 种,文集 70 余种。征引资料虽多,但编纂得法,集众说之长,酌繁简之中,"故文虽繁而不病其冗,论虽歧而不病其杂",与李焘《长编》并重于世。《要录》同样卷帙浩繁,流传不便,清朝修《四库全书》,从《永乐大典》中辑出,重新分为 200 卷。

记高宗朝以后事迹的有刘时举编《续宋中兴编年资治通鉴》15 卷,始宋高宗建炎元年(1127),迄于宁宗嘉定十七年(1224),是南宋高、孝、光、宁四朝的简明编年史。

金朝后期也曾有过令儒臣编《续资治通鉴》的计划,时在卫绍王大安二年(1210)五月,是否编成则不得而知。但金朝确有一名为杨云翼的文臣编有"《续通鉴》若干卷"[①]。

### 三、毕沅《续资治通鉴》

明代续《通鉴》之书,较重要的有薛应旂《宋元资治通鉴》157 卷、

---

① 《金史》卷 13《卫绍王本纪》,中华书局,1975 年,第 292 页;《金史》卷 110《杨云翼传》,第 2425 页。

王宗沐《续资治通鉴》64卷。两书取材依据宋代官修《续通鉴纲目》，前者多舛讹，后者太简略，成就均不高。

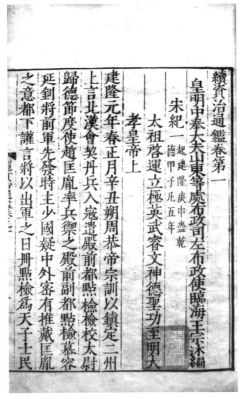

图39　（明）王宗沐《续资治通鉴》明隆庆元年（1567）刻本　吉林省图书馆藏

图40　（明）薛应旂《宋元通鉴》明嘉靖四十五年（1566）刻本　北京大学图书馆藏

清代有徐乾学《资治通鉴后编》184卷、毕沅《续资治通鉴》220卷、夏燮《明通鉴》100卷等。

徐乾学《资治通鉴后编》184卷，记宋元两代史事，体例全仿《通鉴》。徐乾学曾主修《清一统志》，其修书得到著名学者万斯同、阎若璩等人协助，故其书成就超越此前各家续《通鉴》之书。徐氏曾获得过李焘《续资治通鉴长编》残稿 175 卷,然彼时四库馆未开,未见李心传《要录》,故其书不足之处仍多。徐氏之后约百年,毕沅《续资治通鉴》出。

毕沅(1730—1797),字秋帆,乾隆 25 年状元及第,官至湖广总督。毕沅《续资治通鉴》220 卷,分《宋纪》《元纪》两部分,体例仿《通鉴》,有《考异》,无史评。其修书得到当时重要的史学家邵晋涵、章学诚、钱大昕、洪亮吉等人协助,并得以参考《永乐大典》中辑出的李焘、李心传两家之书,史料丰富,叙事详赡,是《通鉴》续作中最佳者。故而梁启超有云:"毕鉴出,各家续《鉴》可废。"

记载明朝史事的通鉴类史书主要有清末夏燮《明通鉴》。《明通鉴》100 卷,分为《前编》4 卷、《正编》90 卷、《附记》6 卷,分记元、明及南明事。有《考异》及《目录》5 卷。

纪传体"二十四史"之外,形成编年体的古史体系。

# 第三节 《资治通鉴》的改编

《资治通鉴》(以下简称《通鉴》)内容浩博,卷帙繁多,对于一般读者的阅读而言,一则读来不易,二则还是嫌多,而专业的学者又会对《通鉴》所体现的政治思想有疑问,于是在南宋出现改编《通鉴》之作。

## 一、袁枢《通鉴纪事本末》

袁枢(1131—1205),字机仲,建宁建安(今福建建瓯)人。宋孝宗隆兴元年(1163)进士,历官至工部侍郎兼国子祭酒、右文殿修撰,江陵知府。袁枢喜读《通鉴》,但深感其卷帙浩博,一般士人难以卒读。再者,编年之法，一件事情如果历时较长，在《通鉴》中就会隔越数卷，首尾难稽。于是袁枢就自出新意，以事件为中心，将《资治通鉴》区别门目，以类排纂，将《通鉴》1362 年的史事组合为 239 件大事，加上附录 66 条，一共记载 305 件要事，起《三家分晋》，迄《周世宗征淮南》。每事各详起讫，自为标题，每篇各编年月，自为首尾。一种新的史书体例——纪事本末体随之产生。比如唐末黄巢起义事，历时 10 年之久，分见于《通鉴》卷 252—256 共 5 卷之中，袁枢汇聚相关资料为"黄巢之乱"一题，前后始末，一览了然。纪事本末体便于叙事，文省于纪传，事豁于编年，"使纪传、编年贯通为一，实前古之所未见也"。杨万里称《通鉴纪事本末》是入《通鉴》之户，明人张溥评价说："国之有史，史之有《通鉴》，《通鉴》之有纪事本末，三者不可一缺也。国史因人，《通鉴》因年，本末因事。人非纪传不显，年非《通鉴》不序，事非本末不明。学者欲观历代之史，则必先观《通鉴》，既观《通鉴》不能即知其端，则必取纪事本末以类究之，此宋袁机仲先生之书，所以与司马同功也"①。

《通鉴纪事本末》的取材详"乱"略"平"，立足于"治"。两汉 430 年，43 个专题。魏晋南北朝 370 年，102 个专题。详近略远，古为今用。战国秦 200 年，3 个专题。隋唐 65 个专题，五代 50 多年，23 个专题。具体内容上看，所立 305 题，重在政治、军事，经济只有两题："奸臣聚敛""两税之弊"，学术文化告诸阙如。题目中用词，伐 9，平 30，讨 8，叛 24，篡 20，据 24，乱 19，祸 4，变 5，灭 24，亡 4，寇 11，易 3，逆节 3。一则可见该书以政治、军事为主的特点，再则也可见袁枢讲究"春秋笔法"，

---

① （明）张溥撰、曾肖点校：《七录斋近集》卷 21《通鉴纪事本末序》，齐鲁书社，2015 年，第 368—369 页。

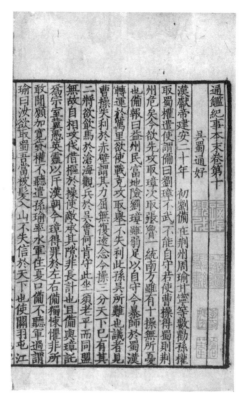

图 41　（宋）袁枢《通鉴纪事本末》　宋淳熙二年（1175）严陵郡斋刻递修本
上海图书馆藏

表示善恶褒贬的态度。

《通鉴纪事本末》在取材上的特点是忠于《通鉴》，只就《通鉴》取材，材料上不出《通鉴》原文，而去取翦裁义例极为精密，所以梁启超称"善抄书者可以成创作"。

自袁枢《通鉴纪事本末》开创纪事本末体，其后仿效者众。南宋后期杨仲良用此体改编李焘《续资治通鉴长编》为《皇宋通鉴长编纪事本末》150 卷。《通鉴》之后历史，有宋、辽、金、西夏、元、明、清的纪事本末。《通鉴》前事，有《左传纪事本末》。即：明代陈邦瞻《宋史纪事本末》28 卷、《元史纪事本末》27卷，张鉴《西夏纪事本末》36卷，李有棠《辽史纪事本末》40卷和《金史纪事本末》52卷，清谷应泰《明史纪事本末》80卷，高士奇《左传纪事本末》53卷。陆荣《三藩纪事本末》4卷。清末时以上诸书合编为《历朝纪事本末》9种。清光绪中期广雅书局辑印《纪事本末汇刊》，增杨仲良《通鉴长编纪事本末》150卷、光绪年间李铭汉李于锴父子《续通鉴纪事本末》，共11种。

### 二、朱熹《资治通鉴纲目》

朱熹（1130—1200），字元晦，号晦庵，徽州婺源（今江西婺源县）人。朱熹很尊敬司马光本人，但对司马光编纂《资治通鉴》有不少批评。比如他指出司马光的议论有偏；取材有爱憎由己的弱点，"凡与己意不合者，即节去之"；纪年以后来为定不合理；更重要的是正统不明，义理不讲。因此朱熹别创体例，作《资治通鉴纲目》。

《资治通鉴纲目》（以下简称《纲目》）编年叙事，"大书以提要，而分注以备言"，大字写的提要是"纲"，纲仿《春秋》，是大事提要；小字注的是"目"，目效《左传》，

图42 《朱熹像》 台北"故宫博物院"藏

是详细叙述，故称为"纲目"。论事以"凡"字发起。《纲目》之作，据说唯凡例一卷出于朱熹之手，其"纲"皆门人按照凡例分修，其"目"则

全以付门人赵师渊，取材一出于《通鉴》，所以其书史料价值不大，重在阐发义理。

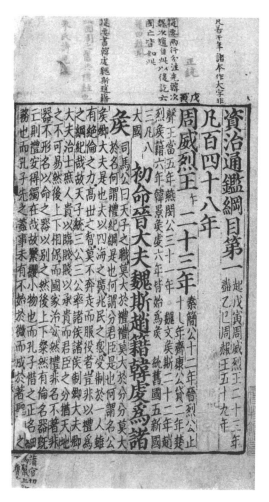

图 43 （宋）朱熹《资治通鉴纲目》 宋刻本 国家图书馆藏

《朱子语类》中有几条是同学生谈论《纲目》的，其主要的论题就是正统问题。他说《纲目》"主在正统"。温公《通鉴》以魏继汉，以至于有"蜀丞相亮寇"某地这样的记载，朱熹说"其理都错"，是"冠履倒置"。

他因此作《纲目》"以蜀为主"。又如武则天代唐，《纲目》以中宗纪年，而书帝在某地。

《通鉴》卷65《汉纪五七》记载："（建安十三年）夏六月，罢三公官，复置丞相、御史大夫。癸巳，以曹操为丞相。"《纲目》卷13即改"以曹操为丞相"为"曹操自为丞相"。"自为"一词即"春秋笔法"中的一字定褒贬。

《通鉴》不书文人，尤其是屈原之遗漏，被讥为"《通鉴》掩日月之光"。《纲目》做了补充："初，屈平为怀王左徒，志洁行廉，明于治体，王甚

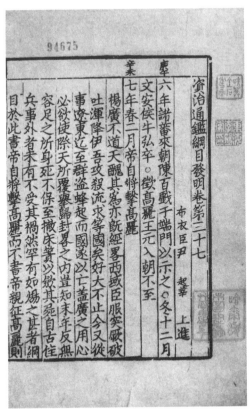

图44 （宋）尹起莘 《资治通鉴纲目发明》 明初刻本 哈尔滨市图书馆藏

任之……怀石自投汨罗以死。"（卷1）所以有学者称赞说："屈平虽忠，得朱子而心益著。"

随着南宋末理学成为正统思想，出于朱熹之手的《通鉴纲目》受到特别的重视，甚至被抬高到"经"的地位，"是书之作，其大经大法，如尊君父，讨乱贼，崇正统而抑僭伪，褒名节而黜邪妄，贵中国而贱夷狄，莫

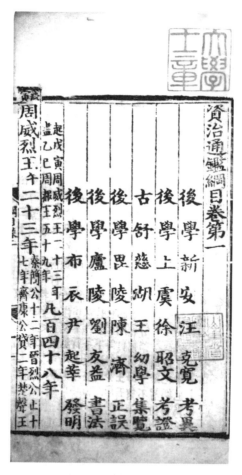

图45　（宋）朱熹撰（宋）尹起莘发明（元）刘友益书法（元）徐昭文考证（元）王幼学集览（明）陈济正误　《资治通鉴纲目》　明弘治九年（1496）黄仲昭刻本　山东省图书馆藏

不系于三纲五常之大"①。

宋末元明学者以治经之法治《纲目》，探究其书法，发明其大义，出现多家《通鉴纲目》注释。疏通其义旨者，有尹起莘之《发明》、刘友益之《书法》；笺释其名物者，有王幼学之《集览》、徐昭文之《考证》、明代陈济之《集览正误》、冯智舒之《质实》；辨正其传写差互者，有元代汪克宽之《考异》。明弘治十一年（1498），莆田黄仲昭校刊《纲目》，取 7 家注文散入各条之下，仍为 59 卷，成为以后《纲目》流传的基本形式。这些注释"皆尊崇朱子者也，故大抵循文敷衍，莫敢异同"。钱大昕讥为"浅陋迂腐"，当然，在尊崇者看来，这些注释便都是"有功于朱子之书者"了。

《纲目》本身为史学编纂创一新体裁，再辅以朱子学的正统地位，因而在社会上产生巨大影响。自《纲目》之出，仿效者众。南宋陈均著《皇朝编年纲目备要》30 卷，起建隆，迄靖康，仿效朱熹《通鉴纲目》义例，大书为纲，分注为目，记北宋一代九朝历史。又有无名氏《中兴两朝纲编年目》18 卷，记高、孝两朝事；《两朝纲目备要》16 卷，记光宗、宁宗两朝事。宋元间金履祥所著的《资治通鉴前编》18 卷及《举要》三卷，被后人以《举要》为纲改写为纲目体的形式。明成化年间，商辂等奉敕撰《续资治通鉴纲目》27 卷，上接朱熹《纲目》记宋元史事。万历年间南轩《通鉴纲目前编》25 卷，始于上古，下迄三家分晋前。明末三书合刻，以陈仁锡评阅本为最流行。康熙四十七年(1708)，编成载有康熙御批的《御批通鉴纲目》。乾隆十一年（1746）修成，《御撰资治通鉴纲目三编》20 卷，记明朝事，续朱熹《资治通鉴纲目》与商辂《续资治通鉴纲目》，四十七

---

① （宋）尹起莘：《资治通鉴纲目发明·序》。

图46 （明）商辂等撰（明）周礼发明（明）张时泰广义 《续资治通鉴纲目》
明弘治十七年（1504）慎独斋刻本 北京师范大学图书馆藏

年（1782）又修改为《御定资治通鉴纲目三编》40卷。康熙、乾隆关于《通
鉴纲目》的御批，在乾隆三十二年（1767）编为《御批通鉴辑览》。据钱
穆说，清末一般老先生们多读御批《通鉴辑览》。

自宋末至明清，本为《通鉴》之改写本的《通鉴纲目》书以人贵，又
得到明清帝王尊崇，被奉为史中之经，明代中期学者丰坊就说过："《通

鉴》虽叙事有法，熔铸贯穿成一家言，但是非之公尚有待于朱子。《纲目》
明天人之道，昭鉴戒，诚有得于圣人之传者。"元明学风，治《纲目》者
多，治《通鉴》者少。《通鉴纲目》喧宾夺主，"纲目学"从附庸为大国，
一度凌驾于《通鉴》与通鉴学之上。

《纲目》在南宋刊行时就存在不少错误，如李心传就指出《纲目》的
唐肃宗朝竟然遗漏了两年之事，他把这样的失误归于朱熹门人们在缀辑史
料时，前后不相照应。宋末以来学者不敢疑朱，即使遇到《纲目》错处，
也予以维护，认为是朱子有意为之而非撰述之误或刊刻之误。直到明末张
自勋作《纲目续麟》始订正《纲目》之误。张自勋《纲目续麟》20卷，成
于崇祯十六年（1643），"案原书次第、摘列《纲目》及《考异》《书法》
《发明》《考证》之文，而一一辨正其是非"。批评了奉《纲目》为史中
经的观念，及纲目附属诸书对《纲目》的附会与曲解。入清之后，考证《纲
目》之误的还有芮长恤《纲目分注补遗》4卷，陈景云《纲目订误》4卷。
正如《四库总目》所言，撝实之学、愈推愈密，是非者天下之公，圣人不
能无误，即使圣人也绝不会禁止后人之考订，能订正《纲目》之误，才真
正是《纲目》之功臣。

# 第四节　《资治通鉴》的注释

## 一、宋代的《资治通鉴》注释

《资治通鉴》（以下简称《通鉴》）网罗宏富，体大思精，"非浅学
所能通"，问世不久就有注释出现。司马光的门生刘安世曾参与《资治通鉴》

的校订,著有《通鉴音义》10卷,可能很早就亡佚了①。南宋时眉山人史炤(约1092—约1161)以十年之功著成《资治通鉴释文》30卷。史炤精于音义,所注征引较广,便于学者,在南宋很流行。史炤之后,出现托名司马康的海陵郡斋本《释文》(公休本、海陵本),以及成都广都县费氏进修堂本《通

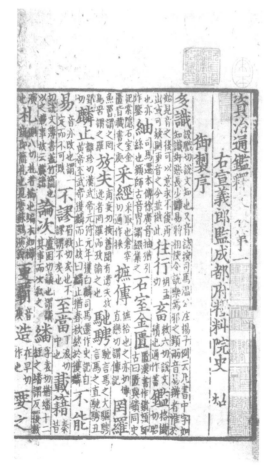

图47　(宋)史炤《资治通鉴释文》　宋刻本　国家图书馆藏

---

① 南宋绍兴三十年(1160)冯时行序史炤《资治通鉴释文》:"《通鉴》之成,殆百年未有释文。"可知南宋初已罕有知者。

鉴》，注附正文之下，当时以其有注，谓之善本，称为"龙爪《通鉴》"，所注间有己意，与海陵本大同小异，皆是蹈袭史炤。

元初时尚有《通鉴直音》三种，北方有宝应谢玨《通鉴直音》，南方有庐陵郭仲山《直音》，福建有闽本直音，"各自以土音为之音，率语转而失其正音"，还有的因为"土音而失其本至于大相远者"，皆"浅谬"。

南宋除了注释《通鉴》全文的《音义》之外，还出现专题注释，如王应麟《通鉴地理通释》14 卷。王应麟（1223—1296），字伯厚，浙江宁波鄞县人，淳祐元年（1141）进士，宋末大儒。王应麟在至元十六年（1279）八月做的序中，自言"闲居观《通鉴》"时，欲笺释其地名而作此书。该书是经世致用之作，考证《通鉴》所载地名的异同沿革，叙述历朝分据攻战，"征引浩博，考核明确，而叙列朝分据战攻尤一一得其要领，于史学最为有功"。不过此书"虽题曰《通鉴》，实是泛考古今地理，不专释《通鉴》"，"不过借《通鉴》之名表历史之意"。王应麟作此书的目的是"以为兴衰成败之鉴"，影响到后来顾祖禹《读史方舆纪要》的写作。

## 二、胡三省《资治通鉴音注》

史炤注抵牾之处不少，宋末元初胡三省校正其舛谬之处，海陵本、费氏本分注其下，著《通鉴释文辨误》12 卷，并完成《资治通鉴音注》294 卷。自胡注出，史注遂微。不过据钱大昕说史炤精于小学，胡三省长于地理，两者不可偏废。

胡三省（1230—1302），字身之，世称梅磵先生，浙江宁海人。理宗宝祐四年（1256）进士及第，该榜状元是文天祥，同榜还有陆秀夫、谢枋得等。宋亡后隐居不仕，致力于注释《通鉴》。

胡三省自宝祐四年进士及第后开始致力于为《通鉴》作注，以后不管

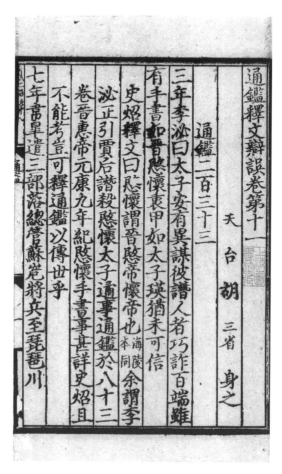

图 48  （元）胡三省《通鉴释文辩误》  元刻本  上海图书馆藏

仕宦何方，身边总是带着《通鉴》，十几年后完成《通鉴广注》97卷，
论10篇，咸淳六年（1270）成《雠校通鉴凡例》。宋末战乱，书稿全失，
"复购他本为之注"。此前他的《广注》是与《通鉴》正文分开的，这一
次他的做法是将《通鉴考异》和自己的注释散入《通鉴》各文之下，至元
二十二年（1285）基本定稿。胡三省以一人之力，穷30年之功，完成《通
鉴》注释的工作，的确称得上是"《通鉴》之功臣"。

胡注的内容丰富，"凡纪事之本末，地名之同异，州县之建置离合，制度之沿革损益，悉疏其所以然"。除了注音之外，胡注对于史事、人物、地理、典章制度等等，都能够梳理其演变始末，注释赅备。胡注用力最多、价值最大的是地理注。此类词目约 6000 余。每条少则三言五语，多则千言，学者统计，单是地理注字数即有七八十万字。提到的书名 290 种，不含十七史之类常见古籍。官制典章部分，词目少于地理，字数则相近。

胡三省的注释，不仅仅是注音、义、史事、制度等等，还有很多带有校勘性质，指出《通鉴》在文字、史事等方面的不少错误。《通鉴》卷 20 汉武帝元鼎五年（前 112），"西羌众十万人反，与匈奴通使，攻故安，围枹罕。"这一条记载出自《汉书·武帝纪》。"故安"县属琢郡，安故、枹罕二县则皆属陇西郡。"故安"为"安故"之误，但历来注《汉书》与编写、注释《通鉴》者都未注意到这个问题，直到胡三省才发现了这一错误，并把安故、枹罕的建置、沿革梳理清楚。

胡注还有一个特点，就是在注释中随时发论，评论史事、人物等。既阐发司马光叙事立论的寓意，也寄托自己遗民之痛。胡三省在年近 50 之时遭亡国之痛，入元后隐居不仕，但未尝一日忘宋，在注释中"写心声之悲愤"，常称宋朝为"我宋""我朝""本朝""吾国"，表明其不忘故国之情。《通鉴》魏纪八载魏伐吴，大败而归，司马师自责，以为非诸将之过。胡三省注这件魏国的事件，想到的却是南宋末贾似道的误国，注曰："呜呼！此贾相国之所以败也！"20 世纪 40 年代，陈垣先生著《通鉴胡注表微》分 20 篇，采胡注 700 多条，引书 200 多种，结合当时史事，阐发了胡三省的生平抱负、学术思想及其治学精神，阐发其强烈的民族气节和爱国之情。

图 49 《资治通鉴》 元刻明弘治正德嘉靖递修本 东北师范大学图书馆藏

　　胡三省在谈到注释之难时说："人苦不自觉，前注之失，吾知之，吾注之失，吾不能知也。"胡注内容广博，工作量也大。仅以《资治通鉴》卷 1 为例，一卷之中注释 1185 处，引书 63 种。胡三省以个人之力注《通鉴》，在当时条件下又无师友可从而取正，错误在所难免。胡注在体例上有不少可商之处，比如内容繁琐，常有千字以上注文；重复出注，如"平州"注 12 次，"豫州"注 18 次。再如对天象的牵强解释。《通鉴》卷 91 载晋元帝太兴元年（318）三月"日中有黑子"，胡三省解释说"日中有黑子，阴侵阳而磨荡之也。时王敦骄悖浸甚，故象见于天"。这是与司马光"不书事应"的原则相违的。胡注在内容上的具体失误，明清学者有不少辨正。明人严衍《资治通鉴补》在补正正文的同时，也订正了不少胡注。钱大昕《通鉴注辩正》2 卷，辩正胡注 140 余条，以地理为主，兼及声韵、句读。赵绍祖《通鉴注商》18 卷，辨正 800 余条。陈景云《通鉴胡注举正》原 10 卷，现存 1 卷，凡 63 条，多为纠正地理方面的错误。

## 第五节　《资治通鉴》的补正与评论

关于《资治通鉴》（以下简称《通鉴》）的史法、编纂以及内容的考证与评论在《通鉴》问世不久就已出现，散见于宋人的文集、笔记当中。如前所述，续、改《通鉴》的很多，但考正、补充《通鉴》内容的很少见。《宋史·艺文志》载有喻汉卿《通鉴总考》112 卷和曾恺《通鉴补遗》100 篇，均佚，具体内容不得而知，据名称判断似分别是考、补《通鉴》之作。注释《通鉴》的著作，大都含有校勘的内容。真正大规模考、补《通鉴》的是明代严衍所修《资治通鉴补》。

范祖禹的《唐鉴》是最早的就《通鉴》所载内容立论的史评著作，已见前述。南宋初有胡寅《读史管见》30 卷，是其在谪居之时读《通鉴》而作。他认为《通鉴》"事虽备而立义少"，于是就仿效《春秋》经旨评论《通鉴》史事，立论过苛，不近人情。刘恕之子刘羲仲的《通鉴问疑》可以看作是最早评论《通鉴》本身的著作。刘羲仲作《通鉴问疑》时，与修《通鉴》诸人，唯范祖禹还在世，刘羲仲就《通鉴》的书法、内容等向范祖禹提出 8 个问题，其中第一个问题就是何以不载屈原。范祖禹回复了，据说刘羲仲得到回信后有些后悔贸然质疑《通鉴》。刘羲仲《问疑》尚可见，可惜范祖禹是怎样回答的，我们已经无法知道了。南宋学者洪迈的《容斋随笔》、高似孙《史略》《纬略》、王应麟《困学纪闻》，乃至清代学者顾炎武、钱大昕、王鸣盛等人的著作中，也都有关于《通鉴》的评论。清代通鉴学史论专著共有 15 部，评论《通鉴》所记史事的有 7 部，其中对《通鉴》全书进行系统评论，并写成史论专著的是王夫之《读通鉴论》。

## 一、严衍《资治通鉴补》

元明两代，治《通鉴纲目》者多，关注《通鉴》者少。可与胡三省 30 年注《通鉴》媲美的是明代严衍和他的学生谈允厚穷 30 年之力所完成的《资治通鉴补》294 卷。

严衍，字永思，明嘉定（今属上海市）人，万历时期秀才。谈允厚，字厚君，是严衍的学生，又是妹婿。严衍不乐诗文，独专心古学，耻以词华炫世。年轻时因困于科举，41 岁时始全力读《通鉴》。严氏自称，他有终日不食之时，没有终食不读之时，"怒而读之，跃然喜矣；忧而读之，欣然乐矣；躁而读之，悠然恬矣"。严衍说："书不读不知其善，书不熟读沉酣而恣肆焉，不知其病。"

严衍熟读《通鉴》多遍后，觉得有很多不尽如人意之处，首先是不讲正统，如帝魏寇蜀之类，所以《通鉴补》"严正统以定千秋之名分，存残统以留一日之君臣，黜僭伪之纪年，夺篡弑之帝号"。比如《通鉴》卷 69 至卷 78 共 10 卷为《魏纪》，《通鉴补》改为《汉纪》。《通鉴》卷 69 为《魏纪一》，以曹丕的黄初年号纪事，《通鉴补》改为《汉纪六一》，以上承卷 68 的《汉纪六十》，以刘备的章武年号纪事。严衍解释说："《通鉴》帝魏而《通鉴补》何以帝汉？曰：此非衍一人之见，乃朱子之旨也。又非独朱子之旨，乃千万世同然之心也。故读《通鉴》者每至诸葛亮入寇无不为之缩舌，则人心可知矣。人心所归即为正统。而况又为汉室之胄乎！"

《通鉴》更主要的问题是内容遗漏，"温公《通鉴》意在资治，详于朝章国典而略于高逸节侠"，所载之人，显荣者多而遗逸少，方正者多而侠烈少，丈夫者多而妇女更少，方内者多而方外者干脆不记；"温公又以为子不语怪，故凡事涉神异悉删而不录"，严衍则认为"怪之兴也，必有所由"。谈允厚在《资治通鉴补后序》中将《通鉴》的缺点总结为七病：一漏：删节太过，导致有的纪事"无首"，有的"无尾"，有的不明所以，更有重要的史事遗漏。二复：一事两书，前后重出。三紊：系年记事有紊乱，史事颠倒。四杂：因体例不统一记事杂乱，尤其是记人有时称名，有时称字，因为改姓、避讳等引起的名字容易引起混淆。五误：鲁鱼亥豕，记载错误之类。六执：此条指《通鉴》对史事的辨析考订，取舍过于主观，逞其臆见，断以独裁，轻言"某事不足取""某言不足信"。七诬：偏信某种材料，或误书等等，导致是非颠倒，其事近诬。如南朝宋的尹冲战死，而《通鉴》记为降魏，记晚唐诗人皮日休降黄巢等等。《通鉴》有此七病，故而须补之、正之，《通鉴》正文以及胡注，皆在补、正之列。

严、谈师生二人，自明万历四十三年（1615）起，以历代正史为基础，对《通鉴》及胡注"正其义例，补其阙遗"。所补的项目有 22 项之多。补正文主要有两个方面：《通鉴》已载但有缺略；《通鉴》不载但比较重要与家国有关或有系于劝惩。补分注有三个方面：一是事情比较琐屑不宜入正文的；一是与《通鉴》所载有异，存以备考；一是补、正胡注。取材以正史为主，居十之九，稗官野史居十之一。到明崇祯十七年（1644）止，用 30 年的时间，完成《资治通鉴补》和《宋元续编》，合计补 1844 年间史事，"虽不能尽录千古之人与千古之事，然其人之不可不识与事之不可不知者，略已收入几尽矣！"

《通鉴补》以历代正史为主，对《通鉴》拾遗补阙，订正讹误，校订了《通鉴》的很多错误，对《通鉴》正文的增补多具有正史依据，很多增补使得《通鉴》的记载与叙事更加完整、严密。钱大昕称赞说："先生与允厚于史学皆实事求是，不肯妄下雌黄。其所辨正，皆确乎不可易。"①《通鉴补》在补的同时，也有删削，大量删除胡注，以及将《考异》所列异说之一补入《通鉴》正文，这些做法是不可取的。严衍"补其阙遗"的工作，是怀有合编年纪传为一书、"使一书之中编年立传若两备其体焉"这样的想法的，但因为补得过多，篇帙多至《通鉴》四倍，时人目为膨胀"通鉴"。所补入的文人、文章、高士等等内容，多是有违司马光史料取舍上的"四删"原则，很多内容是通鉴"长编"都不会保存的，何况《通鉴》了。在体例上，"正其义例"的工作，严正统、存残统，不以王莽纪年，改"魏纪"为"汉纪"，也违背温公借年纪事、不讲正闰、不寓褒贬的本意。

明代中晚期的学术环境，时无通史学者，《纲目》流行，"今人为八股文字所囿，而博古之学废"。补《通鉴》之举，当时学者"咸笑以为迂"，而严、谈师生二人坚信《通鉴》的价值，"为后学津梁者，温公此书耳"。自甘淡泊，穷且益坚，不移其志，卒成注补《通鉴》之大业，其精神与成绩令人感佩，他们是温公之忠臣，也是《通鉴》之功臣，正如钱大昕说："其有功于《通鉴》者，胡身之而后，仅见此书耳。"

严衍、谈允厚师生补《通鉴》的工作做得非常辛苦，严衍家

---

① （清）钱大昕：《潜研堂文集》卷38《严先生（衍）传》，凤凰出版社，2016年，第599页。

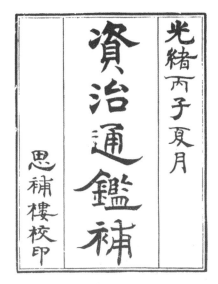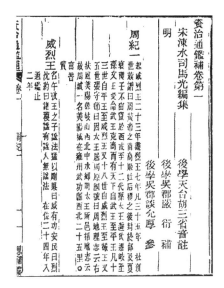

图50 （明）严衍《资治通鉴补》 清光绪二年（1876）盛氏思补楼活字印本
国家图书馆藏

贫，谈允厚多病，但数十年如一日，不敢懈怠，"欲求为温公之忠臣耳！"[①]
严衍说此书未就，"忧在难成"，既成，"又忧在难守"，而自己家贫，
无力镌刻，担心自己30年苦心尽付之东流。《通鉴补》长期只有抄本流传，
一直到成书180年以后，道光四年（1824）阳城张敦仁把补正《通鉴》原
文的一部分，汇录为《通鉴补正略》分三卷刊印，至光绪二年（1876）盛
宣怀思补楼刊印了全本《资治通鉴补》。20世纪80年代初，冯惠民辑录《通
鉴补》正文主要条目，成《通鉴严补辑要》，分为《叙论篇》《辑要篇》
两部分，由齐鲁书社出版。

## 二、王夫之《读通鉴论》

王夫之（1619—1692），字而农，号姜斋，衡州府衡阳县（今湖南衡
阳）人，晚年隐居衡阳石船山，学者尊称为船山先生，是清代重要的思想家、

---

① （清）严衍：《资治通鉴补》自序。

著名学者。

《读通鉴论》是王夫之晚年的著作，完成于康熙二十六年（1687）。全书共 30 卷，依时代顺序编排，秦 1 卷，西汉 4 卷，东汉 4 卷，三国 1 卷，晋 4 卷，宋、齐、梁、陈、隋各 1 卷，唐 8 卷，五代 3 卷；每卷下根据《通鉴》所列帝王世系分为若干篇，每篇选取这一时期的若干历史事件和人物，进行分析评论。

王夫之论《通鉴》论及《通鉴》中司马光的史论，常常能够突破前人的看法，提出新颖看法。如司马光评张良是明哲保身，而王夫之则指出张良光明磊落，视汉高之爵禄如鸿毛。司马光极赞唐宣宗大中之政，王夫之则指出宣宗之所谓治象，皆亡国之符，唐立国元气已尽。王夫之还常立足史事，指出司马光叙事立论的缺陷。如唐中叶以王叔文、王伾为首的"二王八司马"的革新运动，向来"以邪名古今"，"史氏极其贬诮"，但王夫之认为"平心考其所为"，这种态度是不公正的。指出司马光关于唐代"牛（僧孺）、李（德裕）维州之辨"的议论，是"据一时之可否，定千秋之是非"，是"立言之大病"，有违历史著述的基本原则。

《读通鉴论》卷末附《叙论》4 篇，集中说明该书的写作目的和指导思想，并对"资治通鉴"四字的意义做了极精彩的阐发："曰'资治'者，非知治知乱而已也，所以为力行求治之资也。"即不断要通过读史知治乱兴衰，还要思考其所以然之故。论"鉴"曰："其得也，必思易其迹而何以亦得；其失也，必思就其偏而何以救失；乃可为治之资。"论"通"曰："其曰'通'者，何也？君道在焉，国是在焉，民情在焉，边防在焉，臣谊在焉，臣节在焉，士之行己以无辱者在焉，学之守正而不陂者在焉。虽扼穷独处，而可以自淑，可以诲人，可以知道而乐，故曰'通'也。"

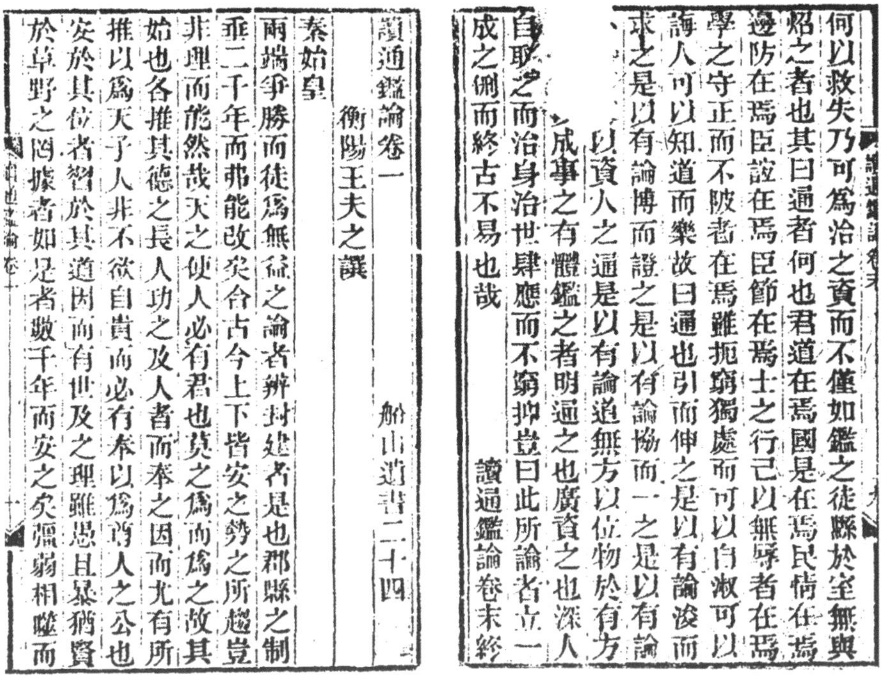
何以救失乃可為治之資而不僅如鑑之徒縣於室無與炤之者也其曰通者何也君道在焉國是在焉民情在焉邊防在焉臣誼在焉臣節在焉士之行己以無辱者在焉學之守正而不陂者在焉雖扼窮獨處而可以自淑可以誨人可以知道而樂故曰通也引而伸之是以有論浚而求之是以有論博而證之是以有論協而一之是以有論以資人之通是以有論道無方以位物於有方成事之有體鑑之者明通之也廣資之也深人自取之而治身治世肆應而不窮抑豈曰此所論者立一成之例而終古不易也哉

讀通鑑論卷末終

讀通鑑論卷一

衡陽王夫之譔　　船山遺書二十四

秦始皇

兩端爭勝而徒為無益之論者辨封建者是也郡縣之制垂二千年而弗能改矣合古今上下皆安之勢之所趨豈非理而能然哉天之使人必有君也莫之為而為之故其始也各推其德之長人功之及人者而奉之因而尤有所推以為天子人非不欲自貴而必有奉以為尊人之公也安於其位者習於其道因而有世及之理雖愚且暴猶賢於草野之罔據者如是者數千年而安之矣彊弱相噬而

图 51　（清）王夫之《读通鉴论》　清同治四年（1865）金陵刻船山遗书本　天津图书馆藏

据钱穆说：“在清末民初那时，凡是开新风气的人，几乎没有人不读《读通鉴论》。”读司马光《资治通鉴》，“可以自淑，可以诲人，可以知道而乐”，“鉴之者明，通之也广，资之也深，人自取之，而治身治世、肆应而不穷”。这也正是我们今天宜读《通鉴》的意义吧。

# 第七章 《资治通鉴》的影响（下）

《资治通鉴》（以下简称《通鉴》）问世以后，很快就成为上自帝王，下至草野百姓获取历史知识的主要来源，不论是帝王的经筵，还是士人的家学、民间的村学，《通鉴》都成为"不可不读之书"。《通鉴》的影响在史学领域之外，还深入到了民间文学，出现了"按鉴"文学。

## 第一节 帝王的镜子

《资治通鉴》的定位是"资治"之书，希望君主以前世之盛衰为镜鉴，考当今之得失。南宋的第二位皇帝宋孝宗就说《资治通鉴》是"万世不刊之书，于人主尤切"[①]，做君主的尤其应该读《通鉴》。所以《通鉴》首先是帝王之书，是历代君主经筵的必读书。

治平四年（1067），宋神宗即位的当年，《通鉴》即进入经筵。十月九日，司马光奉旨进读《通志》，为神宗进讲《通志》开篇的"三家为诸侯"。正是在这次经筵上，司马光获得了《资治通鉴》的赐名与赐序。此后一年内，司马光完成前汉纪，经筵进讲《通鉴》便主要是讲西汉史，而

---

① （宋）王应麟：《玉海》卷26"建炎通鉴解义"条。

随着新法的推行，经筵也成了司马光攻击新法的讲台。

熙宁元年（1068）二月，司马光讲《通鉴》至苏秦合纵，发挥了小人利口覆邦家的道理。十一月十八日，读《通鉴》至萧规曹随事，发挥"祖宗之法不可变"的观点。三年四月二十四日，进读《通鉴》，阐发"从谏之美，拒谏之祸"，矛头直指王安石等新法派。二十六日，读《通鉴》至张释之论啬夫利口事，指出吕惠卿等小人以非为是，以不肖为贤。司马光进读《通鉴》，成了进谏，践行了《通鉴》"资治"的理念。

北宋末期因为党争的原因，以司马光为首的元祐学术被禁，《通鉴》也一度险遭毁版。南宋建立以后，宋高宗号称"最爱元祐"，《通鉴》再次受到重视，并重新进入经筵。

高宗善书法，又喜《通鉴》，在建炎元年（1127）即位的当年就曾手书《通鉴》赐给大臣。第二年的经筵，讲《论语》，读《通鉴》，在第一次经筵上，高宗问讲官周武仲："司马光何故以纪纲为礼？"周武仲在讲解以后，还特地作了《通鉴解义》进献[①]。高宗对《通鉴》开篇首论名分非常欣赏，认为这也反映了司马光确有宰相之器。

至孝宗时经筵读史，当代史是读记载北宋太祖、太宗和真宗三位皇帝圣政的《三朝宝训》，古代史就是读《通鉴》，两书隔日交替进读。孝宗推崇《通鉴》为万世不刊之书，自己读《通鉴》"未尝一日辄去手"，还常督促太子——也就是后来的光宗——读书，有一次问太子："今日《资治通鉴》已熟，别读何书？"太子回答"经史并读"，孝宗比较满意："以经为主，史亦不可废。"[②]

---

① 《宋会要辑稿》崇儒6之13。

② 汪圣铎点校：《宋史全文》卷26下《宋孝宗六》，淳熙六年（1179）二月己丑，中华书局，2016年，第2226页。

光宗在做皇太子时期就已熟读《通鉴》,确实是不错了,他的儿子,南宋的第四位皇帝宋宁宗(1194—1124在位)在位30年,《通鉴》读了24年。宁宗经筵的读书内容包括《宝训》《通鉴》《诗》《书》《礼记》《春秋》《论语》《孟子》等书,分日轮流进读,每读完一种称作"彻章",其中《孟子》是从为太子时期所学内容接着讲,到嘉泰元年(1201)十一月彻章,前后读了8年多。《通鉴》是从庆元元年(1195)二月开讲,一直读到嘉定十一年(1218)三月,期间已经是"十彻章"。四月,"以经筵进读《资治通鉴》终篇",宰相与讲读官等相关人员赐宴秘书省,庆祝这场旷日持久的讲读《通鉴》的彻章。不过,宁宗的《通鉴》学习并没有因此而终止。次年二月,讲官徐应龙在进读时提问宁宗:"前读《资治通鉴》所载仇士

图52 《宋光宗坐像轴》 　　　图53 《宋宁宗坐像轴》
　台北"故宫博物院"藏 　　　　台北"故宫博物院"藏

良事，陛下能记之否？"仇士良是唐代中期文宗、武宗时期有名的宦官，曾对他的党羽传授揽权的经验说，不能让天子闲着，得引导天子沉迷游乐，"慎勿使之读书，亲近儒生，彼见前代兴亡，必知忧惧，则吾辈疏斥矣"（《资治通鉴》卷247）。讲官以此提醒宁宗应该读史不懈，亲近儒臣。在讲到《通鉴》载战国时魏国的吴起能够与士卒同甘苦，甚至为士卒吮疽，从而得其死力，徐应龙对比了"今之将帅"的不能体恤士卒，提醒宁宗应该"严戒饬之"①。

　　司马光和他的《通鉴》在北方少数民族所建立的金朝和元朝也享有很高的地位。

　　司马光和《通鉴》很早就闻名金国了。靖康元年（1126）十二月，金军兵临开封城下，曾指名索取苏东坡、黄庭坚文集以及司马光《通鉴》②。至南宋初又得到了杭本《通鉴》刻版。金国甚至还藏有司马光画像，金熙宗时，海陵王生日，御赐生日礼物之一就是司马光画像。与宋孝宗同时代的金世宗完颜雍（1123—1189）为金国明君，在位时尊崇儒学，喜读史书，自言对于儒家经典不能深解，"至于史传，开卷辄有所益"。他在读了《通鉴》后，赞叹司马光"用心如此，古之良史无以加也"。金世宗的孙子完颜璹，是金开国百年来宗室中第一流人物，每日读书不辍，据载他《通鉴》读了30多遍，"是非成败，道之如目前"。即使在金末年国势衰微的时候，金哀宗还在内庭设益政院，每天以学问赅博的文臣两名讲《尚书》《通鉴》和《贞观政要》③。

---

　　①　（宋）刘克庄著，辛更儒笺校：《刘克庄集笺校》卷83《玉牒初草·宁宗皇帝》，中华书局，2011年，第3653页。

　　②　（宋）徐梦莘：《三朝北盟汇编》卷73，引《靖康纪闻》。

　　③　以上见《金史》卷132《大兴国传》、《金史》卷7《金世宗本纪》、元好问《中州集》卷5"密国公璹"条、《金史》卷56《百官志》。

　　元朝时君主以及皇储的读史也是以《通鉴》为主。元世祖忽必烈即使在行军时期，身边也常有儒臣讲解《通鉴》[①]，皇太子真金也经常在习射之暇讲论经典及《资治通鉴》《贞观政要》。至元二十年（1283），木华黎曾孙相威奏进所译《通鉴》，元世祖把它赐给东宫用作经筵讲读的教材[②]。泰定帝时开经筵，令太子以及诸王大臣子孙受学，所用教材为《通鉴》以及《贞观政要》等。此后直到元末，《通鉴》都是经筵进讲的重要内容。

　　金朝在世宗时曾将《周易》《尚书》《论语》《孟子》《孝经》等儒家经典以及《新唐书》等史籍翻译为女真文字，但未见有译《通鉴》的记载。元朝时则多次翻译《通鉴》的节本。忽必烈时先是在各路置蒙古字学，将译写的《通鉴节要》颁行各路，以供学习，十多年以后又下令刊行蒙古畏兀儿字所书《通鉴》。元仁宗时"以《资治通鉴》载前代兴亡治乱"，下令译写《通鉴》中的重要部分。至泰定帝泰定四年（1327）又命翰林侍讲学士译《通鉴》。

　　明代君主的经史进讲始于明太祖朱元璋，到明英宗时确立了经筵和日讲两种形式，前者隆重，朝中高级官员均须参与，后者轻松，由两名讲官在大学士督导下进讲。明代君主日讲的历史教材前期一直是《通鉴》和《贞观政要》，至明神宗时发生变化。

　　明神宗朱翊钧（1563—1620），穆宗隆庆六年（1572）六月即位，时年10岁，张居正受遗诏辅政。穆宗卒后仅两个月，张居正就上奏请神宗开始日讲，并规定了日讲课程：早讲是儒经，午讲是先讲《通鉴节要》，然后是《贞观政要》。进讲《通鉴节要》时，"讲官务将前代兴亡事实，

<hr />

①　《元史》卷153《贾居贞传》，中华书局，1976年，第3622—3623页。

②　（清）魏源撰，《元史新编》卷21《木华黎》，岳麓书社，2004年，第554页。

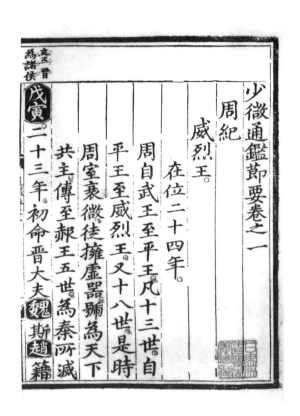

图54　（宋）江贽《少微通鉴节要》　明弘治二年（1489）司礼监刻本
甘肃省图书馆藏

直解明白"。张居正还要求神宗皇帝在课后要将讲过的内容"从容温习"。
讲官所撰写的讲章年终经过校阅后由内府刊行,书名统一称作某某《直解》。
《通鉴直解》就是张居正在隆庆六年下半年开始日讲至万历元年（1573）
十二月期间给小皇帝午讲的《通鉴》讲稿。此书最初25卷,以后陆续增
至28卷,上起三皇,下至宋元。内容以《通鉴》为主,战国前史事选自
刘恕《通鉴外纪》,宋元取自薛应旂《宋元资治通鉴》。考虑到神宗还只

是一个 10 岁的孩子，张居正主持编写《历代帝鉴图说》，收录历代君主"善可为法者八十一事，恶可为戒者三十六事"，共 118 个历史故事。每一事据其本意绘一图画，后附以白话文直解，叙说其意，图文并茂，通俗易懂。万历十六年（1588）的时候，神宗认为魏徵之为臣与唐太宗之为君皆不足为训，下令罢讲《贞观政要》，《通鉴》的学习改为读明孝宗朝编写的《通鉴纂要》。《通鉴纂要》是明孝宗朱祐樘（1487—1505 年在位）时令儒臣参照《通鉴前编》《通鉴纲目》《纲目续编》等书，采撷其中尤切于治道者编纂而成，讲读官的意见也可附注于后，"以代讲说"。万历

图 55　（明）李东阳等编撰《历代通鉴纂要》　明正德二年（1507）内府刻本
北京大学图书馆藏

十七年（1589）起神宗不再亲御经筵和日讲，改为进呈讲章，进讲的书籍和篇章，都由神宗自己选定。至万历末年，讲章能够做到逐年进呈的只有《通鉴纂要》讲章。

　　清代日讲只在顺治、康熙朝前期实行过，自康熙中期始，改为进呈讲章。康熙朝日讲内容是先讲"四书"，最后是《通鉴》，有时候经、史并行。康乾时期推崇的《通鉴》著作不是司马光的《通鉴》，而是朱熹的《纲目》。康熙三十年（1691）将《资治通鉴纲目》翻成满文，以便于满族王公大臣们学习。康熙四十七年（1708），刊印载有康熙御批的《御批通鉴纲目》，供士子流传诵习。乾隆皇帝也说编年类书籍，"必以朱子《通鉴纲目》为准"，因为他觉得在强调正统方面，朱熹比司马光高明多了。康熙御批了《资治通鉴纲目》，乾隆就编了《御撰资治通鉴纲目三编》20卷。乾隆四十七年（1782），为了淡化民族意识，乾隆皇帝以康熙御批《通鉴纲目续编》中明人议论"偏谬及肆行诋毁"为由，要求"不动声色，使外间流传之本，一体更正，不致遗漏"，

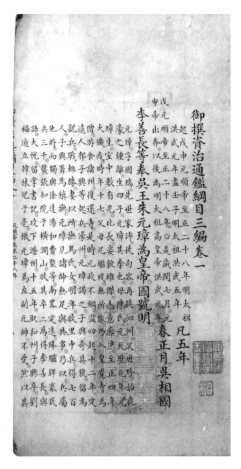

图56　《御撰资治通鉴纲目三编》清乾隆内府抄本　安徽师范大学图书馆藏

开始了对《续编》前后持续 12 年、遍及内地 18 直省的搜缴抽改。截至乾隆五十九年（1794），全国共搜缴挖改《续编》2436 部。至于清代经筵进讲，内容限于四书五经，讲章提前进呈，皇帝准备御论，进讲时讲官照本宣科，讲完后，恭听御论，颂圣交作。清代经筵已经失去了帝王教育的意义，只是礼仪形式，乾隆皇帝曾明确地说自己参与经筵就是为了表示"向学亲贤"之意而已。

宋代时，"在朝廷则尊君，在经筵则尊道"，著名哲学家程颐说"天下治乱系宰相，君德成就责经筵"。即使元代时经筵讲官也说过"备位经筵，得言人所不敢言于天子之前"，明人说经筵日讲"当旁及时务以匡不逮"。经筵具有谏诤议政、抗衡治统的功能。至清代，经筵的中心环节已不再是君主受教，因为皇帝已经上接"尧舜禹汤文武孔子之心传"，"合君师之大成"，道统、治统萃于一身。《通鉴》本以"资治"，教"万世之为君者"，在清帝手中，则成了争正统、"教万世之为臣者"的工具。

# 第二节　《资治通鉴》在民间

胡三省论《资治通鉴》（以下简称《通鉴》）的重要性时说道："为人君而不知《通鉴》，则欲治而不知自治之源，恶乱而不知防乱之术。为人臣而不知《通鉴》，则上无以事君，下无以治民。为人子而不知《通鉴》，则谋身必至于辱先，作事不足以垂后。"《通鉴》不仅是资治、用世之书，也是修身、谋事之书。经筵之外，《通鉴》也是众多公私学校的史学教材和民间士庶历史知识的重要来源。

元祐七年（1092）《通鉴》刊行，范祖禹有《告文正公庙文》云："此书藏于帝室，副在名山。今又立于学官，与六籍并行。"可知《通鉴》已进入官学体系，成为学习内容。较官学更为普遍的是家塾中的学习。咸淳六年（1270），胡三省为廖莹中礼聘，其工作就是在其家雠校《通鉴》以授其子弟。

元代庆元（今宁波鄞县）程端礼著有《读书分年日程》，是为家塾制定的教学计划。根据此《日程》规定，学童15岁以前主要是学习以"四书"为主的儒家经典，"本经既明，自此日看史"。读史内容是以《通鉴》为主，"看《通鉴》及参《纲目》。两汉以上，参看《史记》《汉书》，唐参《唐书》、范氏《唐鉴》。看取一卷或半卷，随宜增减。虽不必如读经之遍数，亦虚心反复熟看"。从中可一窥宋元时期家塾教学中的《通鉴》学习。

程端礼的《日程》中，习史还是以《通鉴》为主，参以《纲目》。元明整体风气则是以《纲目》为主，一直到清初都是如此。顾炎武11岁的时候，其祖授以司马光《通鉴》，并对当时重《纲目》过于《通鉴》有精彩的议论，他说："世人多习纲目，余所不取。凡作书者，莫病乎其以前人之书改窜而为自作也。班孟坚之改《史记》，必不如《史记》也；宋景文之改《旧唐书》，必不如《旧唐书》也；朱子之改《通鉴》，必不如《通鉴》也。至于今代，而著书之人几满天下，则有盗前人之书而为自作者矣，故得明人书百卷，不若得宋人书一卷也。"[①] 计其时，已是明朝末年。至清乾嘉之后，《通鉴》益发见重于时。杭世骏（1695—1773）主讲扬州安定书院，以"四通"课诸生。所谓"四通"，即《通典》《文献通考》《通志》《通鉴》。

---

① （清）顾炎武撰，华忱之点校：《顾亭林诗文集·亭林文集》卷2《钞书自序》，中华书局，1983年，第30页。

清末时曾国藩有"七书"之说，七书，即《史记》《汉书》《庄子》《韩文》《文选》《说文》《通鉴》。他在《与罗少村书》中推重《通鉴》说："先哲经世之书，莫善于司马文正公《资治通鉴》。其论古皆折衷至当，开拓心胸。如因三家分晋而论名分，因曹魏移祚而论风俗，因蜀汉而论正闰，因樊英而论名实，皆能穷物之理执圣之权。又好叙兵事所以得失之由，脉络分明；又好详名公巨卿所以兴家败家之故，使士大夫怵然知戒，实六经以外不刊之典也。""七书"之外，曾国藩推重的还有《楚辞》、杜诗、《通典》、《文献通考》，他的学生黎庶昌提出此11书宜升格为"亚经"："特为崇异，立入学官，使列十三经后。"《通鉴》成为六经以下必读之书[①]。

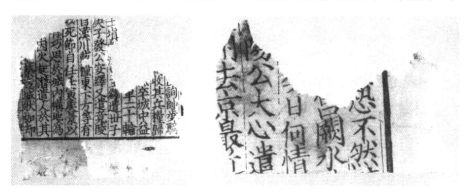

图57  莫高窟北区石窟 B137 窟出土《资治通鉴》残片   《敦煌莫高窟北区石窟》第 2 卷  文物出版社  2004 年

《通鉴》在宋元时期的传播之广，也获得了考古学上的证据。1988 年到 1995 年间，考古工作者先后对甘肃敦煌莫高窟北区石窟进行了 6 次发掘工作，出土了相当数量的汉文、回鹘文、藏文、西夏文等残文书。北区第 64 窟、137 窟出土了共 11 片汉文《通鉴》残文书，所记文字出自《通鉴》卷 161《梁纪十七》。残片年代在 13 世纪末到 14 世纪前中期，系南宋建

---

① 参见张须《通鉴学》，167 页。

本的元代覆刻本。元代建刻的《通鉴》从帝国疆域之东南被携至西陲的过程，正是建阳书坊版刻文化传播的过程。《通鉴》的传播，远至河西僧俗（报告判定 B137 窟的性质为僧房窟）也从侧面说明了宋元《通鉴》学之盛。[①]

有关明清士人家庭中《通鉴》的阅读，明代名士文徵明所藏一部元刊本《通鉴》的流传提供了一个生动的案例。

瞿良士辑《铁琴铜剑楼藏书题跋集录》卷2，元刊本《资治通鉴》294卷，辑录题跋约 15000 多字，记载了明代文徵明一家四代以及清代严虞惇一家四代收藏、阅读《通鉴》的故事。

文徵明（1470—1559），是明代中期著名书画家，他什么时候拥有这部元刊本《通鉴》不得而知，书末有"丁亥年（嘉靖六年，1527）九月玉磬山房阅"题记，则他在 58 岁的时候还在读《通鉴》。

图 58　（明）文徵明《独乐园图》（局部）　台北"故宫博物院"藏

① 徐畅：《莫高窟北区石窟所出刻本〈资治通鉴〉残片考订》，《敦煌研究》2011 年第五期。

文徵明长子文彭（1498—1573），在嘉靖三十三年（1554）、三十九年（1560），有题记6条。文彭子元发（1529—1602），有题记24条，时间是在万历十三年至二十九年（1585—1601）的17年间。根据这些题记，文元发初读《通鉴》是在万历十年（1582），时已54岁。万历十八年（1590）后读完第二遍，二十五年（1597）读完第三遍，二十九年正月十四日读完第四遍，时已73岁。"老年无事，时一观览，遂至再四"。次年卒。

文元发长子文震孟（1574—1636），次子文震亨。文震孟字文起，天启二年（1622）状元。文震孟女婿严杓，崇祯甲戌进士，其子严熊。严熊子严虞惇，至严虞惇子严鎏，已是"历年二百有余"。严熊幼时即由文震孟教授《通鉴》"授而卒业"。在严虞惇13岁时，严熊"即命读《资治通鉴》"，用"徐氏坊本点阅一过"，"反复授此书，历年动笔圈点，作辍不恒"。至康熙四十九年（1710），"于此书披阅已数过矣"，是年61，"未知此后更能再一阅否？"严虞惇从13岁读《通鉴》至61岁，先后通读了六七遍。题记107条。严虞惇读通鉴几十年，曾有撰写《细目质疑》的计划。康熙四十年（1701），日阅一卷，着手撰写《通鉴提要》，"大指以温公目录增损为之。目录烦琐，不甚贯续也"。最后似是未完成。严鎏将其父与王胜之比，"先君子披阅至六七不厌，其精勤为何如"。严鎏自己也至少读了两遍。先是在雍正十一年至十二年间（1733—1734）披阅一过，在乾隆二年（1737）三月，又"自课每日虽极忙，必阅一卷"，次年（1738）三月毕。严鎏之子严有禧（1694—1752），雍正癸卯进士。他是14岁时，"先君即命阅《通鉴》，尔时涉猎而已，不甚解，亦不好也"。至乾隆十三年（1748），在长沙监司，公事闲暇之时，即取《通鉴》读之，见有经济作用，裨益政治，嘉言美行，足为坊表者，随手摘录，至十七年（1752）夏卒业。

他说自己年纪大了，年老衰病，精力耗减，展卷茫然，读犹未读。其实也就是 50 多岁。

从嘉靖六年（1527）文徵明读此元本《通鉴》至乾隆十七年（1752），共 226 年。此后此书流入瞿氏铁琴铜剑楼，中华人民共和国成立后，入藏国家图书馆[①]。

## 第三节　《资治通鉴》节本与历史知识的普及

《资治通鉴》（以下简称《通鉴》）改编一脉中，除了《通鉴纪事本末》《资治通鉴纲目》这样在知识界影响巨大的作品外，还有一派是各种节本。《通鉴》内容较之正史已经是大大压缩，但 294 卷的篇幅还是大，对于大多数读者而言阅读不易，于是有各种节本的产生。

### 一、《资治通鉴》的节本

《通鉴》节本始于司马光本人，《通鉴举要历》实即一种《通鉴》节本。根据宋元人记载，司马光还著有《通鉴节要》《通鉴详节》等多种节本。郑樵《通志二十略》著录有司马光《通鉴节文》60 卷；《宋史》卷 203《艺文志》载，司马光有《通鉴节要》60 卷；金人元好问则说司马光"自为《通鉴详节》传于世"。今皆已不存。金朝学者王若虚曾见过司马光自己的《通鉴》节本，在比较了个别记载后，说温公"自节《通鉴》，然亦时有太过处"，其所见是何种节本不得而知。

① 参见陈光崇《一部《通鉴》的奇遇——兼述清初社会情弊》，《通鉴新论》，辽宁教育出版社，1999 年，第 161—180 页。

　　顾名思义，节要、节文等等，与《举要历》同一性质，司马光既然已经自节了《通鉴举要历》，就没有必要再做其他节本，这些所谓的司马光自节本，大概多出于伪托。南宋时流传不少托名司马光的《通鉴》节本，普通读者大概也很难分辨。有一江西人黄日新著有四言体《通鉴韵语》9卷，内容主要取自《通鉴节要》，图文并茂。朱熹、杨万里等人都为之作过序，但曾做过宰相的周必大在给黄日新的信中，根据此《通鉴节要》序言中的破绽，指出此本是伪本，"非文正亲节"。周必大还说朱熹明知道此本为伪，知而不言，是为了鼓励他而已。朱熹确实知道，他说："温公无自节《通

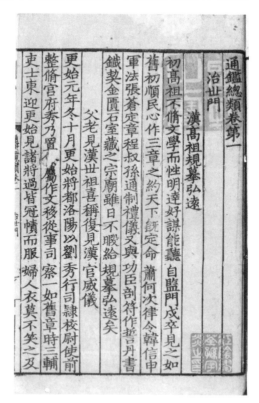

图59　（宋）沈枢《通鉴总类》　元至正二十三年（1363）吴郡庠刻本
上海图书馆藏

鉴》，今所有者乃伪本，序亦伪作。"①也许王若虚、元好问所见皆是朱熹所谓的伪本亦未可知。

正如"节要""举要"之类名字所揭示的，节本内容首先重在节其紧要，其次是节其好句，即采其精华，删略繁辞，实质上相当于史抄。司马光之后有不少士人在读《通鉴》的时候会同时做这种节要的工作，如岳飞之孙岳珂就曾买到过北宋后期陈璀的《通鉴节要》15 册。晁说之的儿子自己也做过《通鉴》摘要。南宋福州人曾噩著有《通鉴节要》13 卷。陈傅良则有《续通鉴节要》10 卷。在此类史抄著作中，值得一提的是南宋沈枢编纂的《通鉴总类》20 卷。沈枢是绍兴年间进士，他在退休以后，将司马光《资治通鉴》事迹仿《册府元龟》之例分为 271 门，每门各以事标题，依时代前后编次。虽然门目繁琐，但采摭精华，区分事类，易于检寻，便于读者。到了明代的时候出现《分类通鉴》一书，实即《通鉴总类》的节本。

宋元之交，《通鉴》节本见于著录者 10 余家。如国图藏《吕大著点校标抹增节备注资治通鉴》120 卷，宋孝宗时刻本，存 86 卷，20 册。北京大学图书馆藏宋本《林公省元集注资治通鉴详节》104 卷，今存一卷。国图藏《入注附音注司马温公资治通鉴》100 卷，残存 81 卷，20 册。宋元时期流行的节本《通鉴》，大都是服务于家塾教学和科举考试的目的，书贾在刊刻时，特地在书名中标举"状元""省元"等等，正是为了吸引士子。为便于学习，节本中多数增入注解以及各家议论。其中最要者有吕祖谦、陆唐老、江贽等人所编的几种。

**吕祖谦《吕氏家塾通鉴节要》**

吕祖谦（1137—1181），字伯恭，浙江婺州（今金华）人，世称"东

---

① （宋）黎靖德编：《朱子语类》卷 134，中华书局，1986，第 3025 页。

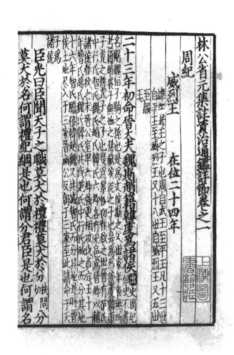

图 60 《林公省元集注资治通鉴详节》
宋刻本 上海博物馆藏

图 61 （宋）吕大著《吕大著点校标抹
增节备注资治通鉴》 宋刻本 国家图
书馆藏

莱先生"。《吕氏家塾通鉴节要》24卷，据书名可知为吕氏自节《通鉴》
以教子弟之用。此书已佚，但明清时期有署名吕祖谦所编《通鉴详节》《通
鉴节要》之类，可能是源于《吕氏家塾通鉴节要》。国家图书馆藏有元刻
本《增节标目音注精议资治通鉴》50册120卷，"此本实东莱先生亲节，
详而不繁，严而有要。标目音注，各有条理"，并随事增以"诸儒精议及
诸纲目"。实际上是以吕祖谦的《节要》为基础，增入《通鉴外纪》等书
并附以音注、诸家议论而成。

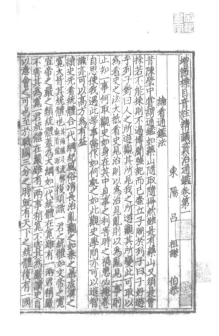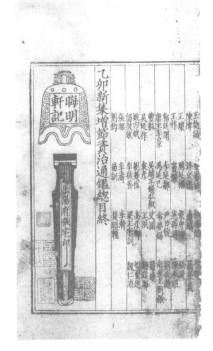

图62 （宋）吕祖谦《增节标目音注精议资治通鉴》 蒙古宪宗三年至五年
（1253—1255）张宅晦明轩刻本 国家图书馆藏

**陆唐老《增节音注资治通鉴》**

陆唐老《增节音注资治通鉴》120卷，又有《陆状元增节音注精议资治通鉴》《陆状元集百家注资治通鉴详节》《陆状元通鉴详节》等等不同名称。陆唐老，会稽人，生平不详，据说在宋孝宗淳熙年间中进士第一，故此书亦称《陆状元通鉴》。此书内容是从司马光《资治通鉴》内抄出"可备科举策论之用者"，附以诸儒议论，有简单的音注，但颇浅陋。

**江贽《少微通鉴节要》**

江贽，字叔直，崇安人。宋徽宗政和中命各地举遗逸之士，地方政府以贽应诏，贽辞不赴，赐号少微先生。《少微通鉴节要》50卷，取司马光《通

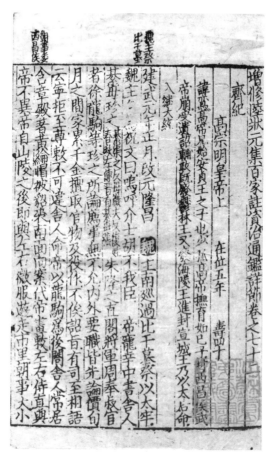

图 63　（宋）陆唐老《增修陆状元集百家注资治通鉴详节》　元刻本
南京图书馆藏

鉴》删存大要，是江氏家塾自用教材。清四库馆臣称此书"村塾陋本"。
明人则认为此书"甚有益于学者"，可以在较短时间内掌握《通鉴》大要，
使数千载兴亡治乱了然在目，"诚为读史之捷径也"，以至于"家传而人
诵之"，《通鉴节要》成为元明两代流传最广的《通鉴》节本，刻本即有
20 种之多。

　　明宣宗宣德四年（1429），张光启、刘剡编成纲目体《资治通鉴节

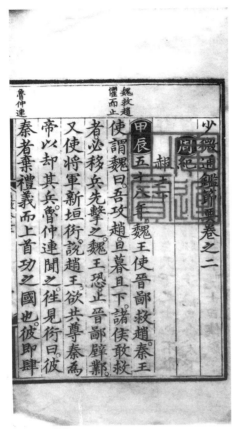

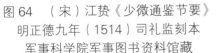

图 64　（宋）江贽《少微通鉴节要》
明正德九年（1514）司礼监刻本
军事科学院军事图书资料馆藏

图 65　（明）张光启《资治通鉴节要
续编》　明正德九年（1514）司礼监
刻本　吉林省图书馆藏

要续编》30 卷），以陈桱《通鉴续编》为蓝本，参考李焘等书，在明前
期 7 次刊刻。

　　《通鉴节要》与明代编修的《续通鉴节要》为明代前期流传最广的通
鉴学著作。明帝经筵所用《通鉴》读本，也是《通鉴节要》。为了便于阅读，
《通鉴节要》与《续通鉴节要》合刊为《通鉴全编》或《通鉴大全》之类，
如万历年间刊刻有《新刊翰林考正纲目批点音释稍微节要通鉴大全》20 卷。

## 二、从"纲鉴"类史书到"按鉴"历史演义

伴随着纲目体的大行与《通鉴》节本的普及,明后期出现《纲目》《通鉴》合编的"纲鉴"类史书。"纲鉴"之名,是从司马光《资治通鉴》和朱熹《资治通鉴纲目》两书中各取一字合成。"纲鉴"之书,一般都声称是从《通鉴》与《纲目》原书中采辑资料,并参以历代正史,删繁去冗,融会而成。其编纂起于隆庆,盛于万历。当时不少文史名著的选本,都会打着散文名

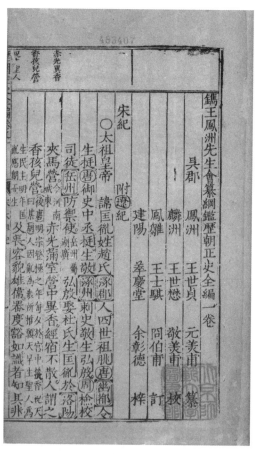

图66　(明)王世贞《镌王凤洲先生会纂纲鉴历朝正史全编》　明万历十八年
(1590)萃庆堂余泗泉刻本　北京师范大学图书馆藏

家"荆川先生"唐顺之的旗号，合纲、鉴为一编，据说也是始自唐顺之。
实际上明代所纂史鉴多是书贾为迎合士子科举考试的需要而组织编写，通
常是伪托名士鸿儒，实"多出于山林学究之手"。唐顺之、王世贞等名士，
王锡爵、张居正、叶向高等名臣，俱在冒名之列。其中冒名王世贞的就有《纲

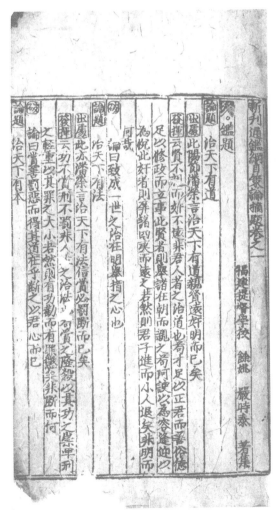

图67　（明）严时泰辑《新刊通鉴纲目策论摘题》　明嘉靖三年（1524）郑氏
宗文堂刻本　安徽省图书馆藏

鉴大全》《王凤洲先生纲鉴正史全编》等很多种。

纲鉴的特点是简编易懂，大都为评点本，借名人点评辑、序等以吸引读者。虽然大多粗疏，不足以言史学，但在普及基本历史知识方面所起到的作用，远非正规史书可及。王士贞《纲鉴会纂》、袁黄《历史纲鉴补》，后人合编为《王凤洲袁了凡合编纲鉴》，是清初流行最广的历史教材。康熙年间，山阴（今浙江绍兴）人吴乘权编纂《纲鉴易知录》107卷，成为清代最普及的历史教材。吴乘权，字楚材，他因为病足终生未曾进学，却编出了当时流行的文、史选本，即《古文观止》和《纲鉴易知录》。

"纲鉴"进一步通俗化的结果是通俗历史演义的流行。南宋时已有民间讲史，"谓讲说《通鉴》、汉唐历史书史文传、兴废争战之事"。元代王恽作有"赠驭说高秀英"的《鹧鸪天》词，其中有云："由汉魏到隋唐，谁教若辈管兴亡。"驭说，即说书，可知高秀英就是南宋以来讲说"《通鉴》、汉唐历史书史文传、兴废争战之事"的女艺人，其讲说的底本，也就是话本。元代在讲史基础上出现平话，内容多是源自《通鉴》，有时直接抄录《通鉴》原文，或者据以改写。如《秦并六国平话》以《通鉴》所记秦始皇时期历史为框架，增加一些次要情节铺叙而成。《五代史平话》的百分之七十内容直接演绎《通鉴》[1]。

发展至明代，出现"按鉴"演义类历史小说。如《按鉴演义全像列国志传评林》《京本通俗演义按鉴全汉志传》《新刻按鉴全像批评三国志传》《新刊参采史鉴唐书志传通俗演义》《新刊按鉴演义全像大宋中兴岳王传》《全像按鉴演义南北两宋志传》，等等。明代"按鉴"类演义，叙述范围涵盖盘古开辟、夏、商、周、列国、两汉、两晋、三国、隋唐五代、两宋以及

---

[1] 周兆新：《"话本"释义》，《国学研究》第3卷，北京大学出版社，1994年。

明代等朝历史，其数量在明代章回小说中超过半数。仅《三国志通俗演义》一书在明代便有十数种"按鉴"版。这些作品的特点，正如其书名所标举的：一是通俗，二是通常有图，三是多以"按鉴""志传"等为题名。"按鉴"等题名，意在表明所言有据，如行文之中多加"按《通鉴》""按史"等提示语。"按"有按照、依据的意思。所"按"之"鉴"，则不限于司马光《资治通鉴》，也包括《资治通鉴纲目》《资治通鉴前编》《资治通鉴续编》等各种《通鉴》衍生书。如明代熊大木编《唐书志传通俗演义》，

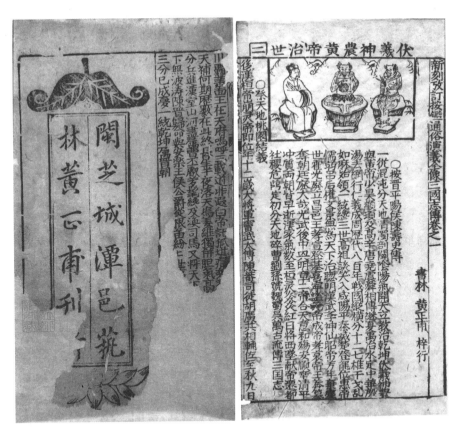

图68 （明）罗本《新刻考订按鉴通俗演义全像三国志传》 明天启三年（1623）
黄正甫刻本 国家图书馆藏

"书中叙次，一依《通鉴》顺次照抄原文，而为之联缀"，同时杂采杂剧、词话等等。

"按鉴"类演义小说，除了内容叙事上主要依赖《通鉴》系列外，小说结构上则是受到《资治通鉴纲目》的影响。"纲目"体叙事时先立其"纲"，概述史事大要，再以"节目疏之于下"，对史事进行具体记述。历史演义的章回体式就是借鉴了《通鉴纲目》分纲、立目的记事格式。

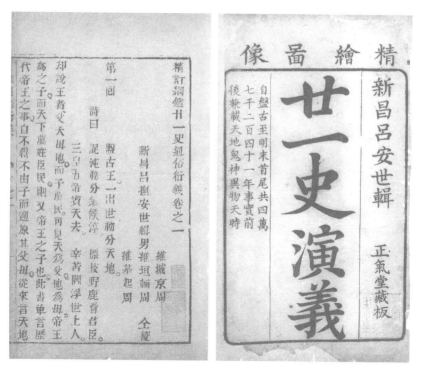

图69　（清）吕抚《精订纲鉴廿一史通俗衍义》　清雍正吕抚活字泥版印本
天津图书馆藏

雍正十年（1732），新昌人吕抚刊行《精订纲鉴廿四史通俗衍义》26卷，叙事自上古至清初，是"演义"类中叙事年代最久者。此书44回，每回的回目为10字句，如"九州中，诸列国，并入强秦"（第12回）、"秦无道，四十年，止传二世"（第13回）之类，全部回目连读就是可歌可颂的弹词。本书内容"悉遵《纲鉴》，半是《纲鉴》旧文"。因此郑振铎说："此书把一部难读的《纲鉴》通俗化了，把读之使人欠伸思睡的编年体史书，改作一般人喜读的章回体的小说，在通俗教育上，颇有些功绩。"①

此类演义谈不上有多少学术价值，但是比《纲鉴》更通俗，更易流行，在普及通俗历史知识上功不可没。只是随着演义大行，纲鉴类史籍反遭冷落了。

---

① 郑振铎:《中国小说提要》"廿四史通俗演义"条，收入《郑振铎古典文学论文集》，上海古籍出版社，2006年，第440页。

# 第八章 《资治通鉴》的版本

　　《资治通鉴》（以下简称《通鉴》）的校勘与刊刻始于北宋元祐时期。元丰八年（1085）三月，神宗皇帝病卒，哲宗即位。是年九月组织人员校订《通鉴》，命范祖禹、司马康用副本对《通鉴》一书进行重新刊定，待此项工作完成后，交付国子监镂版发行。范祖禹兼修《神宗实录》检讨官，忙不过来，元祐元年（1086）三月十九日，司马光推荐了"好学有文"的黄庭坚同校①。黄庭坚（1045—1105），字鲁直，号山谷道人。洪州分宁（今江西修水）人。英宗治平四年（1067）进士。检勘《通鉴》外，黄庭坚后来还参加了《神宗实录》的编修。在哲宗后期的党争中，以"诬毁先帝"的罪名受贬为涪州（今重庆涪陵）别驾，最后客死于宜州（今广西宜山），年61岁。后来陆续参与校勘的还有刘安世、孔武仲、张舜民等人。

　　元祐元年九月，司马光卒。十月，国子监奏镂版于杭州，十一月，定本送杭州国子监雕版。元祐七年（1092），版成，诏诸路及西京、南京各赐《通鉴》一部，参与校勘者皆得到赐本②。绍圣时期，政治风云突变，司马光夺谥、毁碑、追贬。有人提议毁《通鉴》版，太学博士陈瓘援引《神宗御制序》，《通鉴》得以幸存。至徽宗崇宁时期，禁元祐学术。崇宁二年（1103）四

---

　　① 《司马光集》卷51，《乞黄庭坚同校资治通鉴札子》，第1076页。
　　② 《宋史》卷17《哲宗本纪》，中华书局，1985年，第334页。

月下诏，三苏、黄、张、晁、秦及马涓文集，范祖禹《唐鉴》，范镇《东斋记事》，刘攽《诗话》，僧文莹《湘山野录》等印板，悉行焚毁①。《通鉴》大概还是因为神宗序的缘故，不在此禁毁之列。

杭本《通鉴》是由国子监下杭州镂版，是"北宋监本刊于杭者"（王国维《两浙古刊本考序》），所以有的记载也称为"监本"，并非杭本之外别有监本。杭本是《通鉴》在北宋时期的唯一一次刊刻。南宋《景定建康志》记载有"监本《通鉴》"，即是杭本。

《通鉴》刊刻于杭州使得它避过了汴京陷落的靖康之祸，但到了建炎

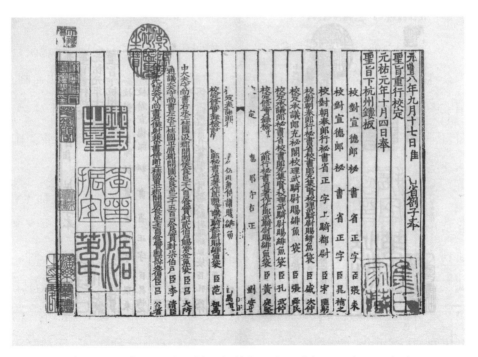

图 70　《资治通鉴》书末附元祐元年镂版诏书　宋绍兴二年至三年（1132—1133）两浙东路茶盐司公使库刻本　国家图书馆藏（《中华再造善本》）

---

① （宋）杨仲良撰，李之亮校点：《皇宋通鉴长编纪事本末》卷 121，黑龙江人民出版社，2006 年，第 2034 页。

三年（1129），金军破临安，载《通鉴》版以归[1]，杭本《通鉴》从此流入北方，下落不明。这一年，两浙运副王琮因为没有刊行《通鉴》版本罢职。

南宋绍兴二年（1132）七月，两浙东路茶盐司公使库下绍兴府余姚县刊板，次年（1133）十二月二十日"印造进入"，是为余姚重刻本，为现存《通鉴》最早版本。北宋刊印先后六年时间，而余姚本仅一年半时间，可见南宋初对《通鉴》的重视程度。

绍兴四年（1134），高宗遣使至金请还两宫及河南地，"命右文殿修撰王伦作书于金左副元帅宗维所亲耶律绍文高庆裔，且以《资治通鉴》、木棉虔布、龙凤茶遗之"[2]。

余姚本之外，南宋还有建、鄂、蜀诸种版本，都是直接或间接地来自于余姚本。绍兴五年（1135）三月雷观曾因进献蜀本《通鉴》，授官潭州通判。国家图书馆存宋刻本，该版本版框高21厘米，宽14.1厘米，半叶12行24字，白口、左右双边。白麻纸印本，纸墨莹润，刀法规整，字体方整端重。宋讳缺笔至构字，慎字间有剜去末划痕迹，当是孝宗朝稍后印本。

元代《通鉴》版本主要有两种：兴文署本与临海本。元朝时在大都（今北京）设置兴文署，掌管教育生徒和雕印书籍。据翰林学士王磐为兴文署新刊《资治通鉴》所作的序可知，《资治通鉴》是兴文署刻书的第一种。胡三省可能就是用此刻本作注释，并将原来单行的《通鉴考异》也散注于正文之下。元临海县刊本即为此种胡注本，明中前期南京国子监印本、清嘉庆间胡克家所刊，皆祖此本。《通鉴》在明代有十余种版本，至清嘉庆二十一年（1816），鄱阳胡克家覆刻元刊胡注本，是现存胡注本的最好版本。

① 　《金史》卷80《赤盏晖传》，中华书局，1975年，第1806页。

② 　（宋）李心传：《建炎以来系年要录》卷72，绍兴四年正月乙卯条。

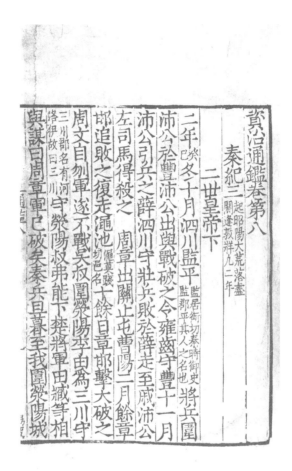

图 71　《资治通鉴》　元至元二十六年至二十八年（1288—1291）魏天祐刻本
国家图书馆藏

光绪十四年（1888）上海蜚英馆石印本，附有毕沅《续资治通鉴》。

　　民国八年（1919）商务印书馆附设图书馆影印《百衲本宋本资治通鉴》，
系以傅增湘（1872—1949）藏余姚本为主，用 7 种宋本凑集而成，有 176
卷。1929 年商务印书馆影印《四部丛刊初编》，为南宋建阳刻本。1935 年，
上海国学整理社据胡克家元刊胡注本断句、拼合缩印，附胡三省《通鉴释

文辨误》12 卷及刘恕《资治通鉴外纪》10 卷，世界书局出版，1986 年上海古籍出版社重印。

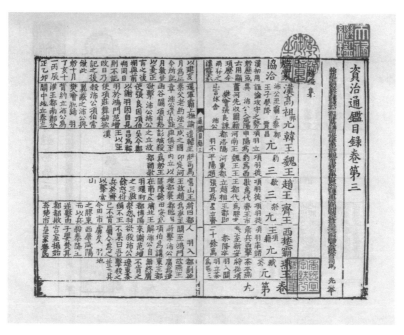

图 72 　《资治通鉴目录》 　宋绍兴二年至三年（1132—1133）两浙东路茶盐司公使库刻本 　国家图书馆藏（《中华再造善本》）

20 世纪 50 年代以后，《资治通鉴》成为新中国第一批整理校点的史学名著。1956 年，在国务院总理周恩来的亲自过问下，顾颉刚、齐思和、聂崇岐、容肇祖等著名学者点校的《资治通鉴》标点本由中华书局出版。此本汇集宋元明各本之长，为今日《通鉴》最好版本，也是 20 世纪"《通鉴》学"的最重要成果。其底本不采宋本，而用胡克家翻刻的元刊胡注本，是因为宋本各本均无注文，而胡刻本又经过了章钰的校勘①。

---

① 　章钰（1864—1937）根据胡刻本校宋、元、明各本，并参考前人校记，作《胡刻通鉴正文校宋记》。据章钰统计，胡刻本中，脱、误、衍、倒四者在万字以上，其中脱文 5200 余字。

　　标点本将司马光的《考异》、胡注、章校，以及点校者的新注，均以小字分注于正文之下。原本与正文连在一起的"臣光曰"等评论，另起一行，独立成段。在原先的岁阳岁阴纪年法，注干支。如《周纪》一"著雍摄提格"下括注"戊寅"。年份独立一行，顶格排印，括注干支和公元年。如《资治通鉴》第一卷的第一页的第一年纪事，即周威烈王二十三年，括注"戊寅、前403"。年下纪事，每事一段。每段首行低两格排印，加标1、2、3等阿拉伯数字。眉目清楚，便于阅读。

　　《资治通鉴》在元丰七年完成后，是与《目录》《考异》分别进呈。《考异》自胡三省注《通鉴》始，至今日的点校本，都是散注于正文之下。《通鉴目录》最初单独进呈，但据国图藏余姚本可知，《目录》30卷是与《资治通鉴》294卷一同刊刻的。也许以后将《目录》点校后与《资治通鉴》同版，使三者合一，是一件有意义的工作。

# 参考文献

（宋）司马光：《司马光集》，李文泽、霞绍晖校点，四川大学出版社，2010 年

（宋）司马光：《资治通鉴》，中华书局，1956 年

（宋）司马光：《资治通鉴目录》，《中华再造善本》，北京图书馆出版社，2006 年

（宋）司马光：《资治通鉴考异》，《中华再造善本》，北京图书馆出版社，2003 年


张须：《通鉴学》，开明书店，1948 年

陈垣：《通鉴胡注表微》，中华书局，1962 年

岑仲勉：《通鉴隋唐纪比事质疑》，中华书局，1964 年

陈垣：《陈垣史源学杂文》，人民出版社，1980 年

冯惠民：《司马光和〈资治通鉴〉》，中华书局，1981 年

柴德赓：《资治通鉴介绍》，求实出版社，1981 年

刘乃和、宋衍申主编：《资治通鉴丛论》，河南人民出版社，1985 年

刘乃和、宋衍申主编：《司马光与〈资治通鉴〉》，吉林文史出版社，1986 年

陶懋炳：《司马光史论探微》，湖南师范大学出版社，1989 年

陈克明：《司马光学述》，湖北人民出版社，1990 年

宋衍申：《司马光评传》，广西教育出版社，1995 年

王锦贵：《司马光及其〈资治通鉴〉》，大象出版社，1997 年

李昌宪：《司马光评传》，南京大学出版社，1998 年

陈光崇：《通鉴新论》，辽宁教育出版社，1999 年

王德保：《司马光与〈资治通鉴〉》，中国社会科学出版社，2001 年

仓修良：《史家·史籍·史学》，山东教育出版社，2004 年

王彦霞：《清代通鉴学研究》，人民日报出版社，2006 年

左桂秋：《明代通鉴学研究》，中国海洋大学出版社，2009 年

刘后滨、李晓菊主编：《资治通鉴二十讲》，中国人民大学出版社，2010 年

赵冬梅：《司马光和他的时代》，三联书店，2014 年

# 后　记

　　《中国珍贵典籍史话丛书》很早就将《资治通鉴》列入出版计划，而本书则动笔较晚，成书太促，是愧对温公用近乎半生的精力所完成的《资治通鉴》（以下简称《通鉴》）这部大书的。原因倒也并非出于怠慢，而是写作远没有原先设想的顺利。《通鉴》成书九百数十年，"《通鉴》学"积累深厚，但有些重要问题却也没有如想象般那样已经解决，比如《通鉴》的分工、编修程序、司马光手稿等等最基本的问题，到现在也没有完全达成共识。沉迷其中，未必获得正解，却是耽误了写作。且写入小书的，未见得深入，也难免谬误。尚有一二未及写入的意见，聊记于此。

　　《通鉴》当初成书的条件，后世不再存在，故《通鉴》可补、可续、可模仿，却难以超越，个中道理与《史记》之后无继者正同。故《通鉴》是空前杰构，也是中国史学中不可无一、不必有二的不朽之作。对于司马光和他的《通鉴》，毁也罢，誉也罢，都是不废江河万古流的。

　　孟子说："颂其诗，读其书，不知其人，可乎？是以论其世也。"（《孟子·万章下》）读《通鉴》，不能不理解司马光和他的时代。《通鉴》的取材、考证、议论等等都不免受到司马光仕宦经历、政治态度、学术思想和个人志趣等等主观因素的影响。孟子论说《诗》曰："不以文害辞，不以辞害志；以意逆志，是为得之。"（《孟子·万章上》）司马光在文献不足的情况下，常用"以意逆志"之法，得失互见。

相比于《通鉴》的博大与复杂而言，司马光是比较简单的人，是一个纯粹的人，一个有道德的人，一个脱离了低级趣味的人。其待人，不管是天子，还是庶民，一字以蔽之，就是"诚"。他自己也说："吾无过人者，但平生所为，未尝有不可对人言者耳。"他的"迂阔""执拗"，也都是一出乎"诚"。

司马光编《通鉴》，正文之外，自著考异以明其去取之意，不但是史法，也是温公"诚"的表现。《通鉴》中有不少我们今天视为纯粹主观偏见、臆测的内容，在司马光而言，可能是他的素见和"以意逆志"处理文本的结果。

对于那些有着明显的司马光个人印记的内容，后世的读者以及研究者需要保持平易之心，"以意逆志"，去理解司马光的想法与做法。若持偏见在先，以为司马光会出于一己之私，随意取舍史料、肆意构建史事，就成了朱熹所说的"以意捉志"了，既误读司马光，也唐突《通鉴》。

司马光著有《疑孟》，他最大的政治对手方王安石则尊孟，写过一首《孟子》：

沉魄浮魂不可招，遗编一读想风标。何妨举世嫌迂阔，故有斯人慰寂寥。

自称"迂叟"的司马光，同"迂远而阔于事情"的孟子还真有点儿相似呢。

谨借荆公《孟子》纪念司马温公诞辰 1000 周年。

2019 年 6 月

# 《中国珍贵典籍史话丛书》已出版书目

| 序号 | 书名 | 著者 | 定价 | 出版时间 | 条码 |
|---|---|---|---|---|---|
| 1 | 打开西夏文字之门 | 聂鸿音 著 | 48.00 | 2014 年 7 月 | ISBN 978-7-5013-5276-0 |
| 2 | 《文苑英华》史话 | 李致忠 著 | 52.00 | 2014 年 9 月 | ISBN 978-7-5013-5273-9 |
| 3 | 敦煌遗珍 | 林世田 杨学勇 刘 波 著 | 58.00 | 2014 年 9 月 | ISBN 978-7-5013-5274-6 |
| 4 | 康熙朝《皇舆全览图》 | 白鸿叶 李孝聪 著 | 45.00 | 2014 年 9 月 | ISBN 978-7-5013-5351-4 |
| 5 | 慷慨悲壮的江湖传奇 | 张国风 著 | 52.00 | 2014 年 10 月 | ISBN 978-7-5013-5442-9 |
| 6 | 《太平广记》史话 | 张国风 著 | 48.00 | 2015 年 1 月 | ISBN 978-7-5013-5484-9 |

| 7 | 《永乐大典》史话 | 张忱石 著 | 48.00 | 2015 年 1 月 | ISBN 978-7-5013-5493-1 |
|---|---|---|---|---|---|
| 8 | 《玉台新咏》史话 | 刘跃进 原著<br>马燕鑫 订补 | 53.00 | 2015 年 1 月 | ISBN 978-7-5013-5530-3 |
| 9 | 《史记》史话 | 张大可 著 | 52.00 | 2015 年 6 月 | ISBN 978-7-5013-5587-7 |
| 10 | 西夏文珍贵典籍史话 | 史金波 著 | 55.00 | 2015 年 9 月 | ISBN 978-7-5013-5647-8 |
| 11 | 《金刚经》史话 | 全根先<br>林世田 著 | 38.00 | 2016 年 6 月 | ISBN 978-7-5013-5803-8 |
| 12 | 《太平御览》史话 | 周生杰 著 | 45.00 | 2016 年 10 月 | ISBN 978-7-5013-5874-8 |
| 13 | 春秋左传史话 | 赵伯雄 著 | 45.00 | 2016 年 11 月 | ISBN 978-7-5013-5880-9 |
| 14 | 《尔雅》史话 | 王世伟 著 | 38.00 | 2016 年 12 月 | ISBN 978-7-5013-5938-7 |
| 15 | 《广舆图》史话 | 成一农 著 | 48.00 | 2017 年 1 月 | ISBN 978-7-5013-5990-5 |

| 16 | 《齐民要术》史话 | 缪启愉 缪桂龙 著 | 45.00 | 2017 年 4 月 | ISBN 978-7-5013-5978-3 |
| --- | --- | --- | --- | --- | --- |
| 17 | 《淳化阁帖》史话 | 何碧琪 著 | 55.00 | 2017 年 4 月 | ISBN 978-7-5013-6055-0 |
| 18 | 《四库全书总目》：前世与今生 | 周积明 朱仁天 著 | 58.00 | 2017 年 12 月 | ISBN 978-7-5013-5926-4 |
| 19 | 《福建舆图》史话 | 白鸿叶 成二丽 著 | 40.00 | 2017 年 12 月 | ISBN 978-7-5013-5979-0 |
| 20 | 《孙子兵法》史话 | 熊剑平 著 | 50.00 | 2018 年 1 月 | ISBN 978-7-5013-6312-4 |
| 21 | 《诗经》史话 | 马银琴 胡霖 著 | 50.00 | 2019 年 4 月 | ISBN 978-7-5013-6691-0 |
| 22 | 《夷坚志》史话 | 许逸民 著 | 24.00 | 2019 年 4 月 | ISBN 978-7-5013-6687-3 |
| 23 | 《唐女郎鱼玄机诗》史话 | 张波 著 | 62.00 | 2019 年 4 月 | ISBN 978-7-5013-6663-7 |
| 24 | 《吕氏春秋》史话 | 张双棣 著 | 40.00 | 2019 年 5 月 | ISBN 978-7-5013-6685-9 |

| 25 | 《周礼》史话 | 彭 林 著 | 55.00 | 2019 年 6 月 | ISBN 978-7-5013-6684-2 |
| --- | --- | --- | --- | --- | --- |
| 26 | 《兰亭序》史话 | 毛万宝 著 | 52.00 | 2019 年 6 月 | ISBN 978-7-5013-6666-8 |
| 27 | 《三国志演义》史话 | 陈翔华 著 | 55.00 | 2019 年 6 月 | ISBN 978-7-5013-6736-8 |
| 28 | 《竹书纪年》《营造法式》《乐善堂帖》史话 | 晁岳佩 王金凤 傅熹年 吴元真 著 | 24.00 | 2019 年 6 月 | ISBN 978-7-5013-6773-3 |

# 国家图书馆出版社简介

国家图书馆出版社 1979 年成立，原名"书目文献出版社"，1996 年更名为"北京图书馆出版社"，2008 年改为现名。

本社是文化和旅游部主管、国家图书馆主办的中央级出版社。2009 年 8 月新闻出版总署首次经营性图书出版单位等级评估定为一级出版社，并授予"全国百佳图书出版单位"称号。2014 年被全国哲学社会科学规划办公室评定为"国家社科基金后期资助项目推荐申报出版机构"。

建社四十年来，形成了两大专业出版特色：一是整理影印各种稀见历史文献；二是编辑出版图书馆学和信息管理科学著译作，出版各种书目索引等中文工具书。此外还编辑出版各种文史著作和传统文化普及读物。